Joseph Alexander Freiherr von Helfert

Revision des ungarischen Ausgleichs Aus geschichtlich-staatsrechtlichen Gesichtspunkten

Joseph Alexander Freiherr von Helfert

Revision des ungarischen Ausgleichs Aus geschichtlich-staatsrechtlichen Gesichtspunkten

ISBN/EAN: 9783743664548

Hergestellt in Europa, USA, Kanada, Australien, Japan

Cover: Foto ©ninafisch / pixelio.de

Weitere Bücher finden Sie auf **www.hansebooks.com**

Revision

ungarischen Ausgleichs

Aus geschichtlich staatsrechtlichen Gesichtspunkten

Jos. Alex. Frhr. v. Helfert

Wien 1876
Wilhelm Braumüller

Im Verlage
von **W. Braumüller**, k. k. Hof- und Universitätsbuchhändler in **Wien**
sind erschienen:

Von demselben Verfasser:

Maria Louise, Erzherzogin von Oesterreich, Kaiserin der Franzosen. Mit Benützung von Briefen an ihre Aeltern und von Schriftstücken des k. k. Haus-, Hof- und Staats-Archives. Mit 2 Bildnissen und 2 Facsimile. gr. 8. 1873.   6 fl. — 12 M.
         In Leinwand gebunden 7 fl. — 14 M.

— — **Napoleon I. Fahrt von Fontainebleau nach Elba**, April—Mai 1814. Mit Benützung der amtlichen Reiseberichte des kaiserlich-österreichischen Commissars General Koller. gr. 8. 1874.   1 fl. — 2 M.

— — **Der Rastadter Gesandtenmord.** Studie. Mit einem Uebersichtskärtchen. gr. 8. 1874.   4 fl. 50 kr. — 9 M.

Luftkandl, Dr. Wenzel, k. k. Professor. **Das ungarisch-österreichische Staatsrecht.** Zur Lösung der Verfassungsfrage. gr. 8. 1863.   4 fl. — 8 M.

     Da die dringende Nothwendigkeit eines auf die geschichtliche Entwickelung der Jahrhunderte gestützten Werkes von selbst einleuchtet, so erlaubt sich die Verlagshandlung nur, auf den reichen und bedeutungsvollen Inhalt dieses Werkes aufmerksam zu machen.
     Das Werk steht auf dem Standpunkte der Rechtscontinuität. Ein Volk kann, wie der Verfasser mit Recht übereinstimmend sagt, sein Recht nicht verwirken. Aber eben weil ein Volk sein Recht nicht verwirken kann, darum können auch die Völker Oesterreichs ihr Recht gegenüber Ungarn nicht verwirkt haben, das ihnen nach der ungarischen Verfassung selbst zusteht.
     Das Werk stellt nun, tief in die Gesetze, namentlich in die Bestimmungen des corpus juris hungarici eindringend, dar, was sich denn im Laufe der Jahrhunderte bezüglich der Stellung Ungarns im Kaiserthum Oesterreich für ein Verhältniß herausgebildet hat, und führt diese Entwickelung nach allen Richtungen des Staatslebens, in Bezug auf den Regenten, die Regalien, Zoll- und Handelssachen, die Finanzen, das Militärwesen, die bereits vielfach stattgehabten gemeinsamen Verhandlungen und die noch zu vollziehenden Gebote der ungarischen Gesetze durch, untersucht die Stellung, welche die constitutionelle Reichsverfassung zu dieser bisherigen Entwickelung einnimmt, und gibt den Weg zur allseitig gerechten Lösung der ungarisch-österreichischen Differenzen an.

Arneth, Alfred Ritter von, k. k. Hofrath. **Geschichte Maria Theresia's.** 6 Bände. gr. 8. 1863—1875.   30 fl. 50 kr. — 61 M.
   1.—3. Band: Maria Theresia's erste Regierungsjahre 1740—1748. gr. 8. 1863—1865.   13 fl. 50 kr. — 27 M.
   4. „   Maria Theresia nach dem Erbfolgekriege 1748—1756. gr. 8. 1870.   5 fl. — 10 M.
   5. 6. „   Maria Theresia und der siebenjährige Krieg 1756 bis 1763. gr. 8. 1875.   12 fl. — 24 M.
     (7. Band unter der Presse.)

— — **Prinz Eugen von Savoyen.** Nach den handschriftlichen Quellen der kaiserlichen Archive. 1663—1736. Mit Porträts und Schlachtplänen. Neue Ausgabe. 3 Bände. gr. 8. 1864.   10 fl. — 20 M.

— — **Maria Theresia und Marie Antoinette.** Ihr Briefwechsel. Zweite vermehrte Auflage. Mit Briefen des Abbé Vermond an den Grafen Mercy. gr. 8. 1866.   4 fl. — 8 M.

— — **Marie Antoinette, Josef II. und Leopold II.** Ihr Briefwechsel. gr. 8. 1866.   3 fl. — 6 M.

— — **Beaumarchais und Sonnenfels.** gr. 8. 1868.   1 fl. — 2 M.

— — **Josef II. und Katharina von Rußland.** Ihr Briefwechsel. gr. 8. 1869.   5 fl. — 10 M.

Revision
des
ungarischen Ausgleichs

Aus geschichtlich-staatsrechtlichen Gesichtspunkten.

Revision

des

ungarischen Ausgleichs

Aus geschichtlich-staatsrechtlichen Gesichtspunkten

von

Jos. Alex. Frhr. v. Helfert

Wien 1876

Wilhelm Braumüller
k. k. Hof- und Universitätsbuchhändler.

Vom Verfasser alle Rechte vorbehalten.

Trans:

„Wenn jemand sagt, die Bedingungen der Institution sind für uns nicht günstig, so erwidere ich ihm: Wir zahlen gegenwärtig zu den gemeinsamen Kosten 30 Percent, und genießen so viel Rechte wie jene die 70 Percent zahlen".

Graf Andrássy Gyula am 16. Januar 1869.

Cis:

„Ich bin der Ansicht, daß bei Berathung der neuen Verträge mit Ungarn unmöglich neue Concessionen gemacht werden können, und daß man sich entscheiden muß, mit aller Rücksichtslosigkeit für unsere Interessen einzutreten, und daß man sogar im Nothfalle die Consequenz des Widerstandes nicht scheuen soll".

Alfred Skene am 14. October 1875.

1526.

Das mit dem bekannten lateinischen Denkspruche so häufig berufene „österreichische Heiraten"*) war wesentlich nicht Anlaß der gegenseitigen Annäherung und dauernden Verbindung der Länder, die den Hauptstock des heutigen Großstaates ausmachen, sondern vielmehr Folge derselben.

Mit andern Worten:

Die Länder der ungarischen und der böhmischen Krone sind mit dem Hausstande der österreichischen Fürsten nicht dadurch und darum zueinander gekommen, weil sich Fürstenkinder der einen mit Fürstenkindern der andern vermählt haben; sondern umgekehrt: Fürstenkinder der einen haben sich mit Fürstenkindern der andern vermählt, weil die verschiedenen Ländergebiete derselben, wie etwa Mineral-Atome durch Naturkraft zu Krystallkörpern zusammenschießen, den geschichtlich instinctiven Trieb und Beruf hatten, eine gegenseitige Verbindung einzugehen.

---

*) Bella gerant alii, Tu felix Austria nube! In metrischer Verdeutschung etwa:

Kriege führet ihr Andern: } Du, glückliches Österreich, freie!
  oder —
Kriegen sei Anderer Theil:

Den Flächenraum des europäischen Welttheils füllen drei gewaltige Völkermassen aus: der romanischen, der germanischen und der slavischen Race.

Aber nicht in der Weise, daß sie an einander stoßen. Denn dann wäre ja „die Theilung der Erde" einfach und leicht. Es würden sich längst zwischen ihnen die Marken aufgerichtet haben die „zum Erb' und ew'gen Lehen" die Machtsphäre der einen und die der andern von einander schieden und gegen einander wahrten.

Sondern in der Weise, daß sie sich in einander vielfach verschlingen und durchdringen. Versuche es Einer, von der Oder zur mittlern Donau zwischen der germanischen und slavischen, oder vom Brenner zur Adria zwischen der germanischen, slavischen und romanischen Race die Gränzen abzustecken, daß keinem Theile empfindlich weh geschehe! Und das ist nicht etwa von heute so: das war hier in eingeschränkterem, dort in ausgedehnterem Maße, im Wesen die gleiche Lage so weit die geschichtlichen Denkmale zurückweisen. In Tyrol z. B. war die ethnographische Verschiedenartigkeit dem Raume und der Kopfzahl nach früher keine geringere, nur war sie anders vertheilt: das eigentlich italienische Element war im Süden schwächer, das ladinische von der schweizer Seite her ohne Frage viel stärker vertreten. Im Flußgebiet des Isonzo und des Tagliamento war das slavische Element in früheren Jahrhunderten viel bedeutender als das romanische. In Nieder-Österreich und theilweise selbst in Ober-Österreich gab es, wie noch heute Orts-, Gewässer- und Flur-Namen unwiderleglich beweisen, slavische Ansiedlungen bis in die nördlichen Abfälle der Alpen hinein.

So war es denn für's erste in ethnographischer Hinsicht ein überaus mannigfaches Völkergemisch, welches das Gebiet unseres heutigen Kaiserstaates vom frühen Mittelalter her einnahm und dasselbe gleichsam als den Vermittlungs- und Versöhnungsboden west-

und ost-europäischer Bildung, nord- und südländischer Sitte, romanischer, germanischer und slavischer Elemente erscheinen ließ.

Dazu kam als weiteres Moment: die territoriale Gruppirung dieser Ausläufer der verschiedenen europäischen Haupt-Racen um die große Wasserader des mittel-europäischen Festlandes, die von den ältesten Daten beglaubigter Geschichte herab stets wiederkehrende Berührungen und Beziehungen zwischen den allmälig zu beiden Seiten der Donau sich consolidirenden Staatenbildungen schuf.

Das wichtigste aber war ohne Zweifel das politische Moment. Der Scepter war vom Namen Roma genommen und an den Stamm der Franken gegeben worden. Der nach allgemeiner Herrschaft zielende Drang und Druck, der in den ersten Jahrhunderten unserer Zeitrechnung von Süden nach Norden gegangen war, begann nach Abschluß der Völkerwanderung vom Niedergang zu wirken, während von Osten zeitweilig immer neue Völkerschwärme auf dem Schauplatz erschienen, die das Thal der Donau hinauf sich Durchbruch zu erzwingen und ihrem wilden Haufen einen ausgedehnteren Spielraum zu verschaffen suchten. Die erstere Tendenz wurde im Hingang der Zeiten von dem römischen Reiche deutscher Nation aufgenommen, die letztere hat in der Festsetzung der Türken diesseits der Propontis ihre letzte Phase gefunden. Seitens der zwischen diesen beiden Strömungen befindlichen Stämme und Gebiete aber war es der gemeinschaftliche Erhaltungstrieb ihrer staatlichen Existenzen, was sie periodenweise bald in dieser bald in jener Combination immer wieder zusammen führte.

Zu allererst ist es die kräftige Gestalt Samo's die aus dem Nebel früher Geschichte heraustritt, als Herrscher gesetzt über alles Land vom Erz- und Riesengebirge bis an den Nordrand der Adria und von den Fichtelbergen bis zur Tatra, das er mit kräftigem Arm gegen die Anfälle der barbarischen Avaren von Osten, wie gegen die herrischen Anmaßungen der Franken von Westen schützt und vertheidigt, 623—662.

Das Reich Samo's zerfällt mit dem Tode seines Begründers, aber zwei Jahrhunderte später vollzieht sich ein anderer Einigungsversuch der unter Rastislav und Svatopluk, 846—894, von Velehrad seinen Ausgang nimmt und gegen Westen Böhmen, gegen Osten das polnisch-ungarische Karpathenland bis gegen die obere Theiß und mittlere Weichsel in sich aufnimmt.

Doch eben dies Anwachsen des groß-mährischen Reiches macht die deutschen Könige besorgt und, von ihnen gerufen, kommt aus den Ebenen der untern Donau ein wildfremder Reiterschwarm herangestürmt, der sich, nachdem es durch ein halbes Jahrhundert 901—955 zwischen ihm und den älteren Insassen des mittel-europäischen Festlandes einen Kampf auf Leben und Tod zu gelten schien, zuletzt mitten unter ihnen in der weitgedehnten Donau-Theiß-Ebene festsetzt, um rascher als es vorauszusehen war ein Glied der europäischen Völkerfamilie zu werden. Wer das meiste zur Förderung dieses wichtigen Processes beitrug, war der große Ungar-König Stephan I. der Heilige (997—1038) der, wie um dem früheren Unwesen der Racen-Feindschaft, der Raubzüge und Vernichtungskämpfe ein legislatorisches Ende zu machen, sich selbst und seinen Nachfolgern zur Richtschnur ihrer Regierungsthätigkeit den großen Grundsatz der nachbarlichen Gleichstellung der verschiedenzüngigen Bewohner seines Reiches vorzeichnet: „Unius linguae uniusque moris regnum imbecille et fragile est — jedes Reich Einer Sprache und Einer Sitte ist schwach und gebrechlich".

Zu seinen westlichen Nachbarländern steht das junge Königreich Ungarn häufiger in feindseliger als in freundlicher Berührung; am hartnäckigsten erst in jener, dann in dieser zu Böhmens großem König Přemysl Otakar II., der in neuerem Style das Reich Samo's von der Schneekoppe bis zum Triglav wieder aufzurichten strebt (1254—1278).

Otakar fällt; doch sein sieggekrönter Gegner nimmt den Gedanken des vom Schicksal Getroffenen auf; und von da hebt jene Reihe von Heiraths-, Erb- und Wahl-Einigungen an, welche die österreichische, die ungarische und die böhmische, zeitweise auch die polnische Ländergruppe zu einem staatlichen Ganzen zu verbinden streben. Unter den beiden letzten Přemysliden Wenzel II. und Wenzel III. schienen Böhmen, Polen und Ungarn zusammenkommen zu wollen, 1300 bis 1306; Ludwig der Große von Ungarn wird 1370 zugleich Herrscher über Polen, Sigismund von Böhmen 1387 zugleich König von Ungarn, bis sich 1437 zum erstenmal die Vereinigung der drei großen Ländergruppen, der österreichischen, der ungarischen und der böhmischen, in der Person Albrecht V. von Österreich, als deutschen Kaisers II., vollzieht.

Dieselbe ist für's erste von kurzer Dauer, der frühzeitige Tod von Albrecht's nachgebornem Sohne Ladislaus († 1457) löst sie wieder auf. Allein schon im Nachfolger desselben auf dem ungarischen Throne Mathias Corvinus, wohl der glänzendsten Erscheinung der ganzen ungarischen Geschichte, kommt der centripetale Drang mindestens theilweise wieder zum Durchbruch; 1478 erkennen ihn Mähren, Schlesien und die Lausitz, 1484 die österreichischen Stände als Gebieter an. Wäre ihm ein längeres Dasein beschieden gewesen, würde vielleicht von Ungarn, wie unter dem großen Otakar von Böhmen, die Einigung der Ländergebiete an der mittlern Donau ihren Ausgang genommen haben.

Mathias stirbt 1490 zu Wien, wo er vielleicht bleibend seinen Sitz würde genommen haben, und nun vereinigen die Jagellonen Vladislav und Ludwig II. in ihren Händen das Gesammtgebiet der ungarischen und böhmischen Krone, das nach dem unglücklichen Ausgange der Schlacht bei Mohács, 29. August 1526, mit jenem der österreichischen Länder nunmehr bleibend an das Haus Habsburg fällt.

Kehren wir zu unserem Eingangs-Gleichnisse vom „österreichischen Heiraten" zurück, das wir weniger auf die gekrönten physischen Personen, als auf die Ländergebiete, deren historisch-politische Individualitäten sie in den von ihren Häuptern erglänzenden Kronen versinnbildlichten, bezogen haben möchten. Allerdings hinkt auch dies Gleichnis wie jedes andere: einmal darum weil es nicht zwei Individualitäten sind die eine so bedeutungsvolle Vereinigung miteinander eingehen, sondern mehr als zwei; und dann deshalb weil sich keine dieser Individualitäten die Rolle der Braut und der Frau zuweisen läßt: jede ist Bräutigam und Mann. Gleichwohl birgt das Gleichnis einen tiefen und lehrreichen Sinn. Erbeinigungsverträge seitens der Fürstenhäuser, Wahl seitens der landesbefugten Stände waren die Rechtstitel deren verbindliche Kraft von Gesetzeswegen vorgehalten, waren gleichsam das äußere Kleid in dessen Schimmer und Pomp die Verbindung vollzogen wurde: die virtuelle Grundlage aber, wie beim Jüngling und bei der Jungfrau der erst keimende, dann erstarkende sympathische Zug der Herzen, war jener durch geographische Lage, nationale Elemente und politische Verhältnisse erst vorübergehend, im Lauf der Jahrhunderte immer häufiger und stärker hervorbrechende Drang, der das schließliche Zustandekommen des österreichischen Großstaates als Erfüllung einer welthistorischen Prädestination, als Vollzug einer innern providentiellen Nothwendigkeit erscheinen und erkennen läßt.

Ein zweites, worauf die Deutung unseres Gleichnisses führt, ist dieses: Wie dort Mann und Weib aus freier Wahl eine Verbindung eingehen, die eine innige, all' ihre Verhältnisse und Beziehungen umfassende ist und wobei dennoch weder er noch sie ihre persönliche Eigenberechtigung und individuelle Selbständigkeit aufgeben: so auch hier. Ungarn und Böhmen sind weder, wie die veraltete „Stammland"-Theorie meinte, an Österreich gekommen, wie Nebenländer zum Hauptland oder wie Provinzen zu einer Metropole — was ja schon nach den Größen- und Machtverhältnissen jener beiden Königreiche im Vergleich mit dem damaligen österreichischen Hausstand ein Nonsens wäre —, noch sind sie von Österreich und dessen Fürsten unterworfen worden, daß darnach dem Rechte der Eroberung einerseits das Gebot der Unterordnung andrerseits entgegenstünde. Eben darum ist es auch nicht ganz unbedenklich zu sagen: Böhmen und Ungarn seien 1526 an das Haus Habsburg gekommen, weil vielmehr der umgekehrte Ausdruck der thatsächlichen und rechtlichen Lage der Dinge zu entsprechen scheint: das Haus Habsburg ist 1526 zu Böhmen und Ungarn gekommen, zu deren Besitz und Regierung. Denn nie darf übersehen werden, daß die eigene freie Wahl die der Zeit und der Wesenheit nach erste Grundlage dieser Vereinigung gebildet hat, allerdings eine solche die nicht zufälligen Verhältnissen und Verwicklungen, nicht vorübergehender Willkür und Laune entsprungen, sondern durch tief wurzelnde innere Momente beweggründet und von langer Hand herbeigeführt war, aber zugleich eine solche bei der die sich einigenden Theile nun und nimmer gewillt waren ihre geschichtliche Individualität und politische Eigenberechtigung preiszugeben und in dem nunmehr zu bildenden Ganzen ununterscheidbar aufgehen zu lassen.

Freilich darf andererseits auch in diesem letztern Punkte, soll die Auffassung eine richtige sein, nicht zu viel gefolgert werden. Denn wieder ging und geht bei denen, die aus freier eigener Wahl eine dauernde Verbindung untereinander geschlossen haben, die individuelle Selbständigkeit und Eigenberechtigung nicht so weit daß selbe eine für sich abgeschlossene, von dem oder von den andern Theilen ganz unabhängige wäre, was ja schon dem Begriffe der gegenseitigen Vereinigung und Verbindung widerstreiten würde. Nun wollen allerdings neuere Politiko-Historiker dem großen Ereignisse von 1526 die Deutung geben, es sei nur die Person des Herrschers, die Dynastie gewesen, die sich wie Ungarn so Böhmen erkoren und in der sie darum ihren Einigungspunkt gefunden, und läugnen läßt es sich allerdings nicht daß die habsburgischen Fürsten es waren, die von ihrem Ahnherrn Rudolph her Klugheit mit Kraft zu paaren, durch unverdrossenes stätiges Mühen die wiederholt verwaisten Krongebiete an sich heranzuziehen und zuletzt über alle andern Thronerben und Prätendenten den Sieg zu erringen wußten. Daraus aber folgern wollen, auch das gegenseitige Verhältnis der von demselben Fürsten beherrschten Länder sei von allem Anfang ein blos durch dessen Persönlichkeit vermitteltes gewesen und für alle Zeiten geblieben, wäre ein arger Verstoß. Das kleinste Städtchen oder Ländchen, das sich im Mittelalter unter den Schutz dieses und jenes Fürsten begeben, hat dies niemals, wie man heute zu sagen pflegt, „um seiner schönen Augen willen", also aus Connivenz für dessen besondere und alleinige Person gethan, sondern vielmehr darum, weil dieser Fürst ein mächtiger war, der seinen Länderbestand und seine Hausmacht besaß und dessen großes Ansehen und reiche Mittel daher auch ihnen zu statten kommen mußten. Etwas ähnliches, nur in großartigerem Maßstabe, lag auch dem Acte von 1526, so wie allen zahlreichen Acten und Versuchen die demselben in früheren Jahrhunderten vorangegangen waren, zu Grunde. Denn war auch zu jener Zeit die fürstliche Gewalt in allen Ländern durch ständische Verfassungen eingeschränkt, so gab es doch überall einen weiten Umkreis, welcher die alleinige Machtsphäre des Landesherrn bildete und in dessen Verwaltung und Verwendung die Stände nichts zu sagen hatten. Die Krone besaß zahlreiche Lehen und ausgedehnte Krongüter, sie hatte ihre bevorzugten Einkünfte von Geistlichkeit, von gewissen Städten, sie bezog den Ertrag von Zöllen und Bergwerken u. dgl. Ueber ein je größeres Gebiet daher der Fürst herrschte, über desto reichere Mittel verfügte er, und desto ausgiebiger war die Kriegsmacht die er selbst oder durch die Heerfolge seiner Lehensmannen auf die Beine stellen und womit er zu Schutz und Schirm der ihm angehörigen Länder auftreten konnte.

„Als die Böhmen und die Ungarn den Erzherzog Ferdinand wählten", sagt Tomek, „wußten sie gar wohl daß sie einen Herrn nahmen der sowohl in ihren als in seinen andern Ländern frei über große Einkünfte und über eine ansehnliche Kriegsmacht zu verfügen hatte, die er zu ihrem gemeinsamen Besten ganz nach seinem eigenen Ermessen wenn gleich mit dem Beirath ihrer Aller und nach Anhörung ihrer Wünsche und Begehren verwenden konnte. Die vertragschließenden Theile wußten daß es sich bei dieser Vereinigung um ihren gegenseitigen Vortheil handelte, und ein solcher Vortheil konnte keinesfalls durch eine Personal=Union nach moderner Façon erwirkt werden, sondern nur durch eine solche Union welche in dem damaligen Verhältnisse zwischen der Herrschergewalt und den Vertretungen der einzelnen Länder wurzelte."

Weit entfernt also eine blos personale zu sein, war vielmehr die Verbindung oder Union die den nunmehrigen Erbbestand des Hauses Habsburg bildete, eine sehr reale, und machten sich die praktischen Wirkungen, die aus der Gegenseitigkeit dieses Zusammenkommens entsprangen, von Anbeginn ganz wohl fühlbar. Am wenigsten hat gewiß Ungarn Ursache sich gegen die Erkenntnis dieser Thatsache zu sträuben, Ungarn das mit seinen alleinigen Kräften und Mitteln im weitaus größten Theile seines Gebietes damals der Herrschaft des Halbmondes nicht entgangen wäre und das die Wiederherstellung seiner Krone in ihrem früheren Umfange und Glanze zum weitaus größten Theil dem erheblichen und kostspieligen Beistande zu danken hatte den ihm seine Könige aus deren andern Ländergebieten zu ihrem Nutz und Frommen in's Werk setzten. Wie empfindlich eine solche Beisteuer auf diesen andern Ländern lastete und wie schwer dies mitunter von den Patrioten derselben getragen wurde, können wir unter andern aus dem Tagebuche des jungen Herrn von Mitrovic, Ahnen des heute blühenden Grafengeschlechtes der Vratislave, ersehen wo er, im Jahre 1591 als Page dem kaiserlichen Gesandten Herrn

Friedrich von Krekvic beigegeben, auf der Reise durch Ungarn in die Klage ausbricht: „Wir armen Böhmen haben durch die ungarischen Kriege in diesen Zeiten viel Elend und Trübsal erfahren, unermeßliche Summen Geldes wurden aus dem Lande geführt, eine unzählbare Menge ausgezeichneter Männer, lieber Freunde und Landsleute blieb in Ungarn und ging da zu Grunde, so daß dieses ungarische Land gar nicht mehr dafür steht!" Und von 1591, wo Pratislav so schrieb, wie viel Geld und Blut kostete es noch bis in die Eugenischen Zeiten um das ungarische Land und Volk sich selbst ganz wiederzugeben!

Freie Verfügung hatte der Landesherr allerdings nur über die aus den Krongütern und Regalien fließenden Einkünfte und über die Truppen, die er aus diesen Mitteln besolden konnte oder welche die Lehensmannen der Krone ihm zu stellen hatten. Was darüber ging, wo es auf größere außerordentliche Auslagen, auf ein umfassendes Aufgebot ankam, mußte er sich an die Stände der einzelnen Länder wenden, die jedes für sich die angesuchte Bewilligung beriethen und ertheilten. Es gab dann allerdings ungarische Truppen, böhmische, mährische Regimenter, kärntnerische Fähnlein ꝛc.; allein der Befehl über sie, die Vertheilung und Verwendung derselben war immer in der Hand des einen obersten Kriegsherrn oder desjenigen, den er mit der Führung betraute. Eine abgesonderte ungarische oder böhmische Armee hat es seit 1526 nie gegeben. Auch in andern Punkten herrschte trotz der Berathung in den verschiedenen Ständesälen eine gewisse gegenseitige Rücksichtsnahme und Uebereinstimmung, bis Kaiser Mathias 1614 den ersten Versuch machte, einen „General-Convent" aller seiner Länder nach Linz einzuberufen, da es sich ihm um Umlegung einer allgemeinen Steuer zum Kriege gegen die Türken handelte. Der Reichstag ging erfolglos auseinander. Aber erfolglos nicht etwa darum, weil die Stände der verschiedenen Ländergruppen die von ihrem gemeinsamen Herrscher getroffene Veranstaltung als etwas unerhörtes, dem Wesen ihrer Zusammengehörigkeit zuwiderlaufendes ansahen, sondern erfolglos aus dem Grunde, weil die meuterischen Stände von Böhmen, Österreich und Ungarn den General-Convent als eine erwünschte Gelegenheit ergriffen, ihren hochverrätherischen Zielen näher zu kommen.

Auch dieses letztere ist insofern ein beachtenswerthes Moment, als die Pläne der conspirirenden Parteien wohl gegen das Regiment des ihren Absichten im Wege stehenden gemeinsamen Monarchen, aber durchaus nicht gegen die Verbindung und Zusammengehörigkeit des unter seinem Regiment stehenden Ländergebietes gerichtet waren. Im Gegentheil, vom Anfang des siebenzehnten Jahrhunderts zieht sich eine Reihe von Versuchen der österreichischen, ungarischen und böhmischen ständischen Opposition, miteinander in wirksamere Bündnisse zu treten und ihre gemeinschaftlichen Interessen im Einklang zu erhalten. Ausflüsse dieser Tendenz waren die Wiener Conföderations-Acte vom 22. Juni 1606, der Presburger Einigungsbrief der „Bundesverwandten" vom 1. Februar 1608, der im Jahre 1609 aufgetauchte Vorschlag eines Central-Ausschußes der Stände aller unirten Länder, der die Verwaltung der Gesammt-Staatsangelegenheiten auf sich zu nehmen hätte, ein Vorschlag, der zunächst allerdings auf gemeinschaftliche Wahrung ihrer Rechte und Freiheiten, die Vereinigung und Stärkung ihrer Widerstandskräfte abzielte, der aber auch in Absicht auf Handel und Verkehr, Geld und Münze ꝛc. eine allen Theilen zustatten kommende Uebereinstimmung anbahnen sollte. Seitens der Ungarn spielte auch bei diesen oppositionellen Abmachungen die Abwehr der Türkennoth eine Hauptrolle, wie sie z. B. 1614 die Stände der andern Länder bereden wollten, ihre Beiträge zur Unterhaltung der Besatzungstruppen nicht an den Kaiser abzuführen, sondern ihnen selbst, den ungarischen Ständen, einzuhändigen. Aber den Herren von Fels, Thurn u. a. schien es denn doch eine etwas starke Zumuthung, die Böhmen dafür, daß die Ungarn sich ihrer Haut gegen die Türken erwehrten, jenen gleichsam zinspflichtig zu machen, und die Sache zerschlug sich.

Um nochmals auf den Linzer General-Convent zurückzukommen, so hatten einige der kaiserlichen Räthe im vorhinein die Besorgnis ausgesprochen, es werde dabei mehr gegen als für die Interessen des Kaisers berathen werden, und darum vor der Ergreifung einer solchen Maßregel gewarnt, während der spanische Gesandte und die tyrolischen Stände aus andern Gründen dagegen waren: ersterer sah die kaiserliche Autorität dadurch beeinträchtigt, daß Mathias, anstatt die gemeinsamen Angelegenheiten seiner Länder wie bisher allein zu entscheiden, die Mitwirkung der Stände hierzu beiziehen wolle; die Tyroler dagegen waren nicht gegen einen allgemeinen Reichstag, nur hätte, meinten sie, wenn etwas dabei herauskommen sollte, der Kaiser die Wahl der Mitglieder nicht den verschiedenen Landtagen zu überlassen, sondern selbst vertrauenswürdige Personen, katholische wie protestantische, auszuwählen und einzuberufen. Übrigens blieb der Versuch des Kaisers Mathias einen General-Convent aller seiner Staaten einzuberufen, wie er der erste dieser Art war, zugleich der einzige und letzte, weil unter seinem Nachfolger Ferdinand II. mit der Schlacht auf dem Weißen Berge bei Prag die böhmisch-mährischen und die österreichischen Stände, deren größerer Theil in die Empörung verstrickt war, derart in's Herz getroffen wurden, daß von da an die habsburgischen Fürsten nicht mehr so viele Umstände mit ihnen machten als mit den Ungarn, die man angesichts der doppelten Gefahr: der noch immer nicht bewältigten Türkennoth und der fortwährenden inneren Usurpationen und Aufstände, glimpflicher zu behandeln genöthigt war.

Von diesem Hauptschlage am Weißen Berge bei Prag datirt sich darum auch der Unterschied, und bald auch die Scheidung in der inneren Verwaltung der nicht-ungarischen Länder von jener der ungarischen, ein Unterschied, der bis dahin nicht stattgefunden hatte, den aber die Ungarn späterer Zeit, wie wir sehen werden, sehr klug auszunützen, ja als einen solchen hinzustellen wußten, der von allem Anfang zwischen ihnen und den minder begnadigten andern habsburgischen Angehörigen bestanden habe.

Letzteres war, wir müßen dies mit ernstem Nachdruck wiederholen, durchaus nicht der Fall. Das staatsrechtliche Verhältnis, in welchem die böhmischen und die österreichischen Lande seit 1526 zu dem gemeinsamen Herrscherhaus standen, und die verfassungsmäßig administrativen Formen, in denen sich die Behandlung der öffentlichen Angelegenheiten in denselben abspielte, war wesentlich die gleiche wie in denen der ungarischen Krone; die von Land zu Land, oft von Bezirk zu Bezirk wechselnden Modalitäten der Geschäftsbehandlung im einzelnen, der Benennung und Gliederung der Aemter und Würden rc. kommen natürlich nicht in Betracht. Es muß ein für allemal im Auge behalten werden, daß Ungarn seine nachmalige Sonderstellung, wie bereits angedeutet, einzig und allein zwei Momenten zu danken hat, die dem regierenden Hause ihnen gegenüber eine Schonung auferlegte, deren es in den andern Ländern nicht bedurfte: erstens der andauernden Bedrängnis durch den Halbmond, und zweitens den einander die Hand reichenden rebellischen Usurpationen, Momenten also, von denen das letztere nicht gerade ein beneidenswerthes ist, da diesen wechselnden Aufständen immer nur selbst- und herrschsüchtige Motive und wilde Unbändigkeit zu Grunde lagen, das erstere aber zuletzt zu Ungarns bleibendem Heil und Gedeihen einzig mittels jener nicht blos personalen, sondern sehr realen Union gebändigt wurde, welche das Donau-Theiß-Land mit den übrigen Gebieten des habsburgischen Besitzstandes zu einem gemeinschaftlichen Ganzen verband.

1712 bis 1722/3.

Der Mannsstamm des Hauses Habsburg stand auf zwei Augen. Kaiser Joseph I. war am 17. April 1711 in der Blüthe seiner Jahre gestorben; den langersehnten Prinzen, den ihm die Kaiserin Amalia Wilhelmine geboren, hatte schon vor dem Vater der Tod dahingerafft. Sein Bruder Karl VI., als König von Ungarn III., von Böhmen II., der ihm nun folgte, seit 1708 mit der Prinzessin Elisabeth Christine von Braunschweig-Lüneburg vermählt, war bis zur Stunde kinderlos. Das Geschlecht der Habsburger, zu verschiedenen Zeiten seiner ruhmvollen Geschichte so reich an Söhnen, schien am Aussterben. Da waren es die vereinigten Königreiche Kroatien und Slavonien, welche am 9. März 1712 durch einen spontanen Act die Reihe jener bis in's Jahr 1722/3 reichenden Kundgebungen, Erklärungen, Abmachungen eröffneten die man unter dem Gesammtnamen der Pragmatischen Sanction zu begreifen pflegt.

Vom eben erwähnten Tage nämlich datirt ein Beschluß des vereinigten kroatisch-slavonischen Landtages: für den Fall des Aussterbens des Mannsstammes des österreichischen Regentenhauses auch die weibliche Nachkommenschaft desselben als zur Thronfolge berufen anzuerkennen, und zwar jene Prinzessin „welche nicht nur das Erzherzogthum Nieder-Österreich, sondern auch die Herzogthümer Steiermark,

Kärnten und Krain besitzen und in jenem Erzherzogthume Hof halten wird". Der Wunsch, Kroatien und Slavonien vor den an eine Zwischenregierung geknüpften Gefahren einer Umwälzung zu bewahren, so wie die Dankbarkeit welche die beiden Königreiche dem Hause Österreich schuldeten, waren die offen erklärten Beweggründe dieses Schrittes.

In Wien fand derselbe anfangs keineswegs ein willfähriges Entgegenkommen. Einmal hatte man in Hofkreisen bis dahin Bedenken getragen diesen heiklen Punkt offen zu berühren, wenn auch patriotisch gesinnte Männer, wie der böhmische Oberste Kanzler Graf Bratislav gegen den Prinzen Eugen, ihre Besorgnisse nicht verhehlten, „die österreichischen Erbländer möchten, wenn dem Kaiser nicht ein Prinz geschenkt werden sollte, spolia gentium werden". Dann aber wegen der Ungarn. Denn es war auffallend und gewissermaßen herausfordernd, daß die Kroaten in ihrer Erklärung ihres Verbandes mit den alt-österreichischen Erblanden gedachten, jenen mit der St. Stephans-Krone dagegen mit Stillschweigen übergingen. Ja, was das letztere betraf, blieben sie auch noch späterhin zäh. Als sie im April darauf am kaiserlichen Hoflager zu Wien erschienen, ihren Beschluß zu Füßen des kaiserlichen Thrones niederzulegen, erläuterten sie denselben in einer Denkschrift worin die Stelle vorkam: „Weder Gewalt noch Eroberung hat uns zu Ungarn geschlagen, sondern aus freier ungezwungener Willensmeinung haben wir uns, nicht dem Königreiche Ungarn, sondern dem Könige Ungarns ergeben; ihren König erkennen wir als den unsern an, dafern er ein Österreicher ist".

Kaiser Karl war 1712 mit seiner blühenden geist- und willensstarken Gemahlin erst im vierten Jahre verbunden; die Aussicht einen Leibeserben und insbesondere einen Prinzen von ihr zu erhalten war keine verlorene. Gab er doch diese Hoffnung noch zwanzig Jahre später, ja bis an sein Lebensende nicht völlig auf! Dennoch überwogen die submissen Vorschläge seiner Räthe, und es wurde von ihm über jenen kroatisch-ungarischen Conflict eine eigene Deputation beordert, bestehend aus dem Obersthofmeister Fürsten Trautson, dem böhmischen Hofkanzler Grafen Pratislav, dem österreichischen Hofkanzler Freiherrn von Seilern und dem Hofrath von Buol, welche ihr Gutachten dahin abgaben: daß man, so unbehaglich die durch die voreilige Kundgebung der Kroaten geschaffene Lage sei, diesen Anlaß nicht vorübergehen lassen möge über die Frage in's reine zu kommen und vorerst mit den Ungarn über den gleichen Gegenstand in Verhandlung zu treten.

Die Ungarn wollten sich in der Hauptsache von Kroatien-Slavonien an Loyalität nicht überbieten lassen; allein sie stellten Bedingungen. Vor allem verlangten sie daß der seinerzeitige weibliche Thronerbe und dessen Nachkommen alle Erblande, einschließlich des Königreichs Böhmen mit Mähren und Schlesien, einheitlich und untheilbar innehaben, besitzen und beherrschen solle. Zweitens solle den ungarischen Ständen die Erklärung aller Erbkönigreiche und Länder, daß selbe nur einem Herrscher aus der weiblichen Nachfolge angehören, unter demselben beisammenbleiben, von Einem allein regiert und verwaltet sein wollen, vorgelegt werden. Drittens wäre den ungarischen und kroatischen Ständen durch ein von dem weiblichen Thronfolger feierlich auszustellendes Diplom die Gewähr der unverbrüchlichen Aufrechthaltung aller vorgenannten Bedingungen, so wie aller gesetzlichen Freiheiten, Vorrechte und Rechtsgewohnheiten Ungarns und der damit verbundenen Nebenländer zu leisten. Viertens, Fünftens, Sechstens ꝛc. sind für unsern gegenwärtigen Zweck vorläufig von keiner weiteren Bedeutung.

Wie früher die Kundgebung der Kroaten, so wurde jetzt die Erklärung der Ungarn dem Hofe unbequem, und zwar merkwürdigerweise vorzüglich aus dem Grunde, daß an den Kaiser die Zumuthung gestellt wurde, zu veranlassen daß die Erbkönigreiche und Provinzen untereinander eine Art Bundesvertrag auf immerwährende Zeiten mit Ungarn beisammen bleiben zu wollen („quod Hungaria cum iisdem Provinciis et Regnis in perpetuum conjungeretur"), eingehen und abschließen sollten. Der Hof wünschte sich, wie damals die Stimmung war, in diesem Punkte freie Hand zu wahren und einerseits jedes seiner Erbländer für sich abgesondert zu halten, andrerseits aber die Frage der weiblichen Thronfolge aus eigener königlicher Machtvollkommenheit festzusetzen und anzuordnen.

In diesem Sinne erfolgte am 13. April 1713 jener feierliche Vorgang der als der Mittel- und Angelpunkt der ganzen Action, die man unter dem Gesammtnamen der Pragmatischen Sanction zu begreifen pflegt, betrachtet werden kann. Es wurden nämlich auf diesen Tag die gesammten Minister und Geheimräthe, inbegriffen die ungarischen, in die Hofburg beschieden, wo ihnen der kaiserliche Wille und Beschluß bekannt gemacht wurde: „Daß die von seinen Vorfahren Leopold I. und Joseph I. ihm angefallenen Erblande unzertheilt auf seine Nachkommen, erst die männlichen Leibeserben, und hinterließe er solche nicht, auf die weiblichen, überzugehen hätten". Sieben Jahre später, am 19. Januar 1720, erging dann eine Regierungsvorlage an die verschiedenen Hofkanzleien, mit dem Auftrage davon weitere Mittheilung an die Stände der einzelnen Provinzen zu machen, kraft welcher denselben — „in vim Sanctionis Pragmaticae et Legis perpetuo valiturae" — zur Kenntnißnahme und bleibenden Darnachachtung der kaiserliche Wille eröffnet wurde, als welcher dabei „die Befestigung des Thrones, die Klarstellung der Erbfolge und jene bleibende und unauflösbare Verbindung der Königreiche und Provinzen" vor Augen habe, „durch welche das öffentliche Wohl derselben so wie das Heil und der Ruhestand der Völker, Stände und Unterthanen vornehmlich bedingt ist".

Vom 19. April bis 20. December 1720 liefen die Antworts-Erklärungen der Stände von Ober-Österreich, von Nieder-Österreich, von Kärnten, von Steiermark, von Krain, von Görz und Gradisca, von Triest, von Fiume, von Böhmen, von Mähren, von Schlesien, von Tyrol, am 23. Juli 1721 jene des Egerlandes ein. Auf den 19. Februar 1722 wurde der siebenbürgische Landtag einberufen, am 1. Mai erfolgte das Ausschreiben des ungarischen. Schon am 30. Mai 1722 erklärten die siebenbürgischen Stände ihren Beschluß, die neue Erbfolgeordnung anzuerkennen und zwar vornehmlich im Hinblick auf die Vortheile welche das Fürstenthum Siebenbürgen sich von einer unauflöslichen innigen Verbindung mit den übrigen Königreichen und Ländern des Habsburgischen Hauses versprechen dürfe. Der ungarische Landtag zog sich bis in das Jahr 1723 hinein und sprach zuletzt in der „Praefatio", dann in dem 1. und II. seiner Gesetz-Artikel, nach einem Hinweis auf das vom Hofe anempfohlene freundnachbarliche gegenseitige Einverständnis und die Verbindung — „mutua cointelligentia et unio" — mit den übrigen Königreichen und Ländern, die dankende Annahme der vom Kaiser festgesetzten Thronfolgeordnung aus, welche sich einerseits auch auf die übrigen Erb-Königreiche und Provinzen zu beziehen habe, wie dadurch andererseits der unlösbare Verband aller zur ungarischen Krone gehörigen Königreiche Provinzen und Länder unangetastet bleiben solle.

Um dieses letzteren Momentes willen ruhten auch die Ungarn nicht eher als bis ihre Beschlußfassung den Kroaten mitgetheilt und denselben die Anerkennung der diesfälligen ungarischen Gesetz-Artikel und die Unterordnung unter dieselben aufgetragen war. Das geschah erst dreizehn Jahre später, wo schon Maria Theresia den Thron bestiegen hatte. Aber auch bei dieser Gelegenheit blieben die Kroaten auf ihrem Standpunkte von 1712; denn obwohl sie sich der ungarischen Diätal-Artikel von 1722/3 „eingedenk" (memores) erklärten, so kamen sie doch andererseits auf ihren eigenen früheren Landtagsbeschluß (pro tenore Articuli 7 Congregationis Zagrabiae Anni 1712 die

9. Martis celebratæ) ausdrücklich zurück. In ähnlicher Weise glaubten sich die siebenbürgischen Stände, bei aller Conformirung ihrer ursprünglichen Erklärung mit der nachmaligen ungarischen, noch 1791 im Sinne der ersteren auf die „unio cum omnibus Regnis et Provinciis" berufen zu dürfen.

In welchem Sinne übrigens im Lande Ungarn der hochwichtige Staatsact besprochen und aufgefaßt wurde, lernen wir aus der handschriftlichen Abhandlung eines gleichzeitigen Anonymus kennen, wo auf den Einwurf: „es sei des Königreichs Ungarn unwürdig, zu dem ihm an Rang weit nachstehenden Herzogthum Österreich in ein Bundesverhältnis zu treten", die Aufklärung gegeben wird: „Gewiß wäre es der Ehre und dem Ansehen Ungarns abträglich wenn das königliche Einberufungsschreiben blos die Vereinigung mit Nieder-Österreich bezweckte; allein dasselbe erstrebt die Verbindung aller Erbkönigreiche und Länder unter sich. Jene Voraussetzung ist daher falsch. Vielmehr gibt das Einberufungsschreiben zu erkennen daß die übrigen Erbkönigreiche und Länder bereits frohen Muthes sich aneinander geschlossen und verbunden haben, wie es neuestens auch das Fürstenthum Siebenbürgen that. In Wahrheit handelt es sich um die Vorbereitung einer Verbindung welche viele Länder umfassen soll, und in diese einzutreten gebietet das Interesse Ungarns, das sonst, zwischen zwei Großmächte eingeklemmt, einer schlimmen Zukunft gewärtig sein muß."

* * *

Wenn wir auf den Ursprung und Gang der Verhandlungen über die Pragmatische Sanction einen prüfenden Blick zurückwerfen, so tritt uns eine Reihe eigenthümlicher Erscheinungen entgegen welche zwar nicht diesen Staatsact, aber die thatsächlichen und staatsrechtlichen Verhältnisse aus denen er hervorgegangen war, die demselben zur Unterlage dienten, und auf die er darum zurückzuführen ist, vielfach in einem überraschenden Lichte erscheinen lassen. Denn von vorn herein soll nicht übersehen werden:

daß die Pragmatische Sanction streng und geradezu nur eine einzige, in gewissem Sinne ganz äußerliche Angelegenheit zum Gegenstand hatte, nämlich die Regelung der Erb- und Thronfolge in dem gemeinsam regierenden Herrscherhause —

daß bei den durch mehr als zwölf Jahre sich hinziehenden Verhandlungen bald von dieser bald von jener Seite nebenher zwar allerdings manche, und mitunter hochwichtige Punkte und Fragen, die mit jener Cardinal-Angelegenheit in keinem wesentlichen unzertrennlichen Zusammenhange standen, zur Erörterung, theilweise sogar zur Schlußfassung kamen —

daß jedoch eben darum diese letzteren Fragen und Punkte durchwegs als solche aufzufassen und geltend zu machen sind, die zwar bei Gelegenheit und aus Anlaß der Pragmatischen Sanction zur Sprache und theilweise zum Austrag gelangten, keinesfalls aber als solche die hier zum erstenmal angeregt und begründet worden wären.

Mit andern Worten: Die Pragmatische Sanction hat an den verfassungsmäßigen Zuständen der Länder, an den gegenseitigen Beziehungen derselben zu einander, an deren staatsrechtlicher Stellung dem Landesfürsten gegenüber, wie sie diese Zustände, Beziehungen, Stellung vorgefunden, nichts geändert; sie hat nur einen und den andern hierher gehörigen Punkt neuerlich in Erinnerung und zum Bewußtsein, oder klarer und entschiedener, als dies bei früheren Anlässen geschehen war, zum Ausdruck gebracht. In Betreff solcher Punkte hat man nun allerdings volles Recht sich auf einen so hochwichtigen Staatsact wie die Pragmatische Sanction zu berufen; nur geschehe das nicht in der Weise als ob die in jenen Punkten enthaltenen

Feststellungen erst in der Zeit von 1712 bis 1723 **geschaffen** worden wären, sondern in dem allein richtigen Sinne daß sie damals **bestätigt** und **bekräftigt** wurden. Das ist, wie nicht erst ausgeführt zu werden braucht, ein gewaltiger Unterschied, und doch wird oft genug dagegen gesündigt.

Am häufigsten geschieht das mit der Frage der s. g. Personal- oder Real-Union, und nur zu oft begegnet man dem Satze: die habsburgischen Länder, die bis dahin nur in der Person des Monarchen ihren Einigungspunkt gefunden, seien kraft und infolge der Pragmatischen Sanction in eine reale Verbindung zu einander getreten. Das war nun nach keiner Seite hin der Fall. Einerseits blieben nach diesem Staatsacte die Eigen- und Sonderrechte, die Verwaltungsformen und Behörden der einzelnen Länder ganz die gleichen wie sie vor demselben gewesen waren, ja haben die meisten ständischen Körperschaften ihren bezüglichen Beitrittserklärungen die Wahrung jener Sonderheiten ausdrücklich angefügt. Andrerseits war, wie im ersten Abschnitte gezeigt wurde, von allem Anfang die Stellung der habsburgischen Erbländer unter dem gemeinsamen Monarchen niemals eine solche die man heute als „bloße", als „reine" Personal-Union zu bezeichnen pflegt, als ob nämlich die Person des Landesfürsten und allenfalls dessen Hof das einzige gewesen wäre was sie miteinander theilten. Vielmehr war nach damaligen Begriffen und Verhältnissen die Macht des Landesfürsten mit einer Fülle sehr realer Befugnisse ausgestattet die er in allen seinen Erbländern ausübte, rücksichtlich deren er an keine Zustimmung der verschiedenen Landstände gebunden war, und in deren Bereich er vollkommen frei von einem Land in's andere oder von ihnen insgesammt nach außen hin verfügte. Das Wesen dieser Befugnisse war bis in die Zeit, wo die Verhandlungen über die neue Thronfolgeordnung in Gang kamen, weder eingeengt noch verkürzt worden; dasselbe hatte vielmehr im Lauf der Jahrhunderte hier einen neuen Kreis der Anwendung, dort eine festere augenfälligere Gestalt bekommen. Wenn von Seiten einzelner Ständeversammlungen in rebellischen Zeitläuften allerhand Anmaßungen erhoben wurden, so beweist dies natürlich nichts; wohl aber beweist das Gegentheil sehr viel, daß nämlich unter geordneten Verhältnissen die Wohlthat jener realen Verbindung von den Ländern selbst vielfach anerkannt und gefördert wurde. Und zwar, was gleichfalls bezeichnend ist, als Wohlthat nicht blos zu gemeinsamer Abwehr einer Gefahr von außen — „contra vim externam" —, sondern auch zur Wahrung und Erhaltung der innern Ruhe und Sicherheit — „pro stabilienda in omnem casum ... unione et conservanda domestica tranquillitate", Art. I 1722/3 — so wie zur Hebung des materiellen Fortschrittes und gegenseitigen Verkehrs. Unter den Wünschen, welche die Ungarn im Jahre 1712 aussprachen, war auch der daß ihnen „Handel und Verkehr jeder Art im Umfang der erbländischen Provinzen ohne Unterschied wirklich und wirksam gestattet werde — omne Commercium per easdem Haereditarias Provincias indiscriminatim effective et realiter concederetur". In das Jahr 1715 fällt die Errichtung der „Bancalität", in deren Ressort die zum Unterhalt des stehenden Heeres und der Central-Behörden bestimmten „Militär- und Cameral-Gefälle" fielen, ohne Unterschied des Landes aus welchem die betreffenden Einkünfte flossen. Im 108. Gesetz-Artikel 1722/3 recipirte der ungarische Landtag die von der Wiener Allgemeinen Hofkammer eingesetzten Berggerichte und das bei denselben eingeführte Verfahren ꝛc. — all das theils vor, theils unabhängig von den Bestimmungen der Pragmatischen Sanction...

Wenn es, außer der Festsetzung der Thronfolge, einen Punkt gibt von dem sich, doch nicht ohne einige Einschränkung, sagen läßt, daß die Pragmatische Sanction etwas wesentliches zu dem bereits bestehenden hinzugefügt habe, so ist dies der Grundsatz der staatsrechtlichen

Untheilbarkeit (indivisibilitas) und Unabtrennbarkeit (inseparabilitas) der unter dem Scepter des regierenden Hauses vereinigten Königreiche Länder und Provinzen. Ganz neu war allerdings auch dieser Gedanke nicht; denn er ist in den Jahrhunderten zuvor wiederholt angeregt und angestrebt, es ist aber eben so oft thatsächlich dagegen gehandelt und verfügt worden. Hatte ja selbst Kaiser Leopold I. noch eine Anordnung getroffen, daß, für den Fall als sein zweiter Sohn Karl nicht zum Besitze der spanischen Monarchie gelangen könnte, derselbe mit der gefürsteten Grafschaft Tyrol ausgestattet werden solle! Darum ist dies Moment der „Indivisibilitas" und „Inseparabilitas" nicht nur das bedeutsamste und folgenreichste (nach und nebst der Feststellung der Thronfolgeordnung) der ganzen Pragmatischen Sanction: es ist zugleich dasjenige, dessen nachdrückliche Hervorhebung, bald in dieser bald in jener Form, jetzt von der einen jetzt von der anderen Seite, am häufigsten wiederkehrt. Und dieses Moment ist es auch, an welches sich jene Reihe eigenthümlicher Erscheinungen knüpft auf die wir früher anspielten.

Die erste dieser eigenthümlichen Erscheinungen ist die, daß, während die Dynastie noch in der ersten Zeit der Sanctions-Verhandlungen das Bestreben zeigte die einzelnen Erbländer als solche staatsrechtlich auseinander zu halten, gerade diese Länder es waren, aus deren Schoße der Wunsch und die dringende Mahnung hervorging, den alt-habsburgischen Gebietsbestand für immer und ewige Zeiten eine unlösbare Verbindung eingehen zu lassen. Diesen Wunsch drückten zuerst 1712 die kroatischen Stände aus, freilich zunächst nur bezüglich der inner-österreichischen Lande; demselben Wunsche gaben dann zehn Jahre später die siebenbürgischen Stände Ausdruck, und zwar rücksichtlich aller habsburgischen Königreiche und Provinzen; dem gleichen Wunsche endlich, im umfassendsten Umfange, liehen die Ungarn Worte, und zwar bei zwei verschiedenen Anlässen: im Mai 1712 über

Aufforderung der königlichen Deputation, und dann 1722/3 bei Annahme der Pragmatischen Sanction. „Daß Ungarn mit den übrigen Erbländern und Königreichen auf immerdar verbunden bleibe — quod Hungaria cum iisdem (Haereditariis) Provinciis et Regnis in perpetuum conjungeretur", verlangten sie 1712 und wünschten ferner, daß zur Bekräftigung und dauernden Veranschaulichung dieses Nexus der kaiserlichen Geheimen Conferenz jedesmal auch ungarische Räthe beigezogen würden. Im §. 7 des II. G. A. von 1722/3 aber hieß es, daß die übrigen Königreiche und Länder „untheilbar und unabtrennbar, gegenseitig und gemeinsam zugleich mit dem Königreiche Ungarn und dessen Nebenländern — indivisibiliter ac inseparabiliter invicem et insimul ac una cum Regno Hungariae et Partibus Regnis et Provinciis eidem annexis", erblich bei einander bleiben sollen. Von den nicht-ungarischen Ständen waren es zwar zunächst nur jene von Nieder-Österreich, die sich in der Landtagssitzung vom 19./20. April 1720 ihrem Landesfürsten, falls er es wünschen sollte, anheischig machten, einer „Erbverbrüderung" aller habsburgischen Königreiche und Länder beizutreten, welche Erbverbrüderung sich den Schutz der neuen Thronfolge zur Aufgabe machen würde; da aber dieser Beschluß im Beisein und unter Mitwirkung der hervorragendsten Staatsmänner aller Länder — darunter des Palatins und zweier Magnaten, die zugleich Mitglieder der nieder-österreichischen Landschaft waren — gefaßt wurde, so ist demselben ohne Zweifel eine weiter tragende Bedeutung zuzuschreiben.

Die Gründe, warum sich Karl VI., und in seiner Person die Dynastie, anfangs gegen eine solche Veranstaltung sträubte, waren zwei. Einmal wollte er sich ohne Zweifel freie Hand lassen um, falls ihn seine Gemahlin mit mehr als einem Prinzen beschenkte, als guter Vater auch einen der jüngeren Söhne in ähnlicher Weise bedenken zu können, wie Kaiser Leopold I. es mit ihm vorhatte, falls Joseph am Leben bliebe und er, Karl, sich in Spanien nicht behaupten könnte. Dann aber war es ein traditionelles Unbehagen seines Hauses, von dem er sich lang nicht losmachen konnte. Aus der englischen Geschichte ist bekannt, wie sich tief in's achtzehnte Jahrhundert hinein ein Mistrauen gegen stehende Heere, die damals bereits in allen größeren Staaten Europas eingeführt waren, deshalb zog, weil man das tyrannische und gleißnerische Militär-Regiment unter Oliver Cromwell noch in lebhafter geschichtlicher Erinnerung hatte. In ähnlicher Weise schrieb sich aus den Zeiten der Kaiser Mathias I. und Ferdinand II. die Besorgnis des österreichischen Fürstenhauses her, daß sich die ihm angehörigen Erbländer wohl unter einander, aber gegen die Dynastie verbünden könnten, wie das in jenen Zeiten oft genug, und namentlich aus Anlaß des ersten und einzigen allgemeinen österreichischen Reichstages von 1614 geschehen war.

Im Hingang der Jahre scheinen sich bei Karl VI. diese Bedenken zerstreut zu haben; andererseits beschenkte ihn Elisabeth Christine außer einem Prinzen der kaum halbjährig starb — Leopold geb. 13. April, gest. 4. November 1716 — nur mit zwei Töchtern, Maria Theresia geb. 13. Mai 1717 und Maria Anna geb. 14. September 1718, und so kam es, daß zuletzt vom Hofe aus selbst die dauernde und unauflösliche Erbeinigung des habsburgischen Ländergebietes betrieben wurde; daß man nach der so loyalen Wiener Kundgebung vom April 1720 auch an die Stände der andern Länder die Zumuthung stellte, jener nieder-österreichischen Erklärung beizutreten; daß endlich Karl VI. in seinem Manifeste an die Niederländer, 6. December 1724, erklärte, daß die neue Erbfolgeordnung „in dem ganzen Bezirk Unserer großen Staaten, Königreiche, Herrschaften und Provinzen, sowohl überhaupt als insbesondere und in allen unzertheilig" Kraft und Geltung haben solle. . . .

Die zweite jener eigenthümlichen Erscheinungen ist die daß, während viele der andern Stände auf eine bleibende unzertrennliche

Verbindung mit den übrigen Erbländern keinen besondern Werth zu legen schienen; die böhmischen Stände in ihrer Beitritts-Erklärung zur Pragmatischen Sanction dieses Umstandes mit keinem Worte erwähnten; die tyrolischen sogar die Einwendung erhoben, ein Eingehen auf die Regierungs-Vorlage drohe Tyrol auf immer der Aussicht zu berauben eigene Landesfürsten zu besitzen, daß, sagen wir, gerade die Länder der St. Stephanskrone es waren deren Wortführer von Anfang bis zu Ende der Sanctions-Verhandlungen die unauflösbare Verbindung mit den übrigen Königreichen und Ländern auf das stärkste und nachdrücklichste betonten.

Auch hatten sie dazu ihre guten Gründe, und schlugen diese letztern in ihren diesfälligen Erklärungen in ganz unzweideutiger Weise durch. Der Ausgangspunkt der kroatischen Kundgebung von 1712 war „die Betrachtung der so vielen und so großen vergangenen Gefahren ihres Vaterlandes", denen dasselbe nur „durch die väterliche Sorgfalt und das huldvolle Regiment des erlauchtesten Hauses Österreich" entgangen war, dessen fernere Sorgfalt und Huld sich die Stände des Königreichs für bleibende Zeiten „verdienen" und sichern wollten. Die siebenbürgischen „Status et Ordines" waren voll des heißesten Dankes für die „unvergänglichen Wohlthaten" welche „das durchlauchtigste Haus Österreich diesem Fürstenthume als einer Vormauer der Christenheit unter unzähligen Sorgen und Bekümmernissen erwiesen", für die „unzähligen Mühen und Kosten" wodurch dieses Erbfürstenthum „mit vielem Blute aus dem schweren Joch der Ottomanen mehr als einmal befreit worden"; und bekannten ganz unumwunden daß sie „für sich mit ihren eigenen Kräften sich zu schützen nicht stark genug" (sibique suis viribus tuendo minime pares) gewesen wären, daher sie auf eine für immerwährende Zeiten dauernde unauflösliche Verbindung mit den übrigen Erbländern „zur gemeinsamen und wechselseitigen Vertheidigung, zu größerem Ansehen und Sicherheit und daraus hervorgehenden Schrecken der Feinde", den allergrößten Werth legen müßten. Eben so begannen die 1722/3 zahlreicher als je (frequentissimo vix aliquando viso numero) versammelten ungarischen Stände mit einer feurigen überströmenden Danksagung „für die durch der Kaiserlichen Majestät sieghafte Waffen erweiterten Gränzen des Königreichs und die unsterblichen ihnen erwiesenen Wohlthaten"; für die glücklichen und „zum Staunen des ganzen Erdkreises" gegen so ungeheure vom Aufgang und vom Niedergang heranstürmende feindliche Kräfte errungenen Erfolge der kaiserlichen Heere; für die „so vielen über den durch so lange Zeit auf ihren Nacken sitzenden erbarmungslosen Feind davongetragenen Triumphe", wodurch ihr Vaterland wieder gegen seine alten Gränzen hin (antiquos limites versus) ausgedehnt worden ꝛc. ꝛc. Was die untheilbare und unauflösliche Verbindung mit den andern habsburgischen Königreichen und Ländern betraf, so hüllten die ungarischen Stände allerdings ihre Erklärung in den Schein als ob der größere Vortheil einer solchen Erbverbrüderung auf Seite der Andern wäre, und als ob daher diese den Ungarn, dafür daß sich die letztern zu einem solchen Opfer bereit zeigten, gewissermaßen zu Dank verpflichtet seien. Allein das sagten sie nur um ihrer Eitelkeit und Selbstgefälligkeit willen, und sie wie alle Welt wußten sehr wohl daß, während die Phrase gleichsam lautete: „Haltet Euch an uns, denn ihr braucht uns als einer Vormauer (tanquam Antemuralis) gegen die Türken", der Sinn vielmehr der entgegengesetzte war: „Bleibt bei uns, denn wir brauchen euch, um uns den Sultan vom Leibe zu halten!" Auch war letzteres in der siebenbürgischen Erklärung ganz offen gesagt und aus der kroatischen nicht undeutlich herauszulesen, wie dies ja auch aus dem Umstande hervorging daß, wenn die nicht-ungarischen Länder es gewesen wären die sich des Beistandes der Ungarn hätten versichern wollen, jene und nicht diese ihre Stimme dafür würden erhoben haben.

Dazu kommt nun aber die dritte eigenthümliche Erscheinung daß, nicht so offen seitens der siebenbürgischen Stände, aber ganz ausdrücklich und unmisdeutbar seitens der kroatischen, wie aus den diesfälligen Kundgebungen und Beitrittserklärungen zu ersehen ist, das staatsrechtliche Band das sie an die alt-österreichischen Länder knüpfte als ein viel stärkeres und jedenfalls wichtigeres angesehen wurde, als jenes das sie mit Ungarn und überhaupt den Ländern der St. Stephanskrone verband.

Das war sehr begreiflich. Von Ungarn bekam Siebenbürgen wie Kroato-Slavonien sehr häufig schlimmes, von dem habsburgischen Gesammt-Länderbestande meist gutes. Großentheils von Ungarn, von den endlosen Zerwürfnissen Verschwörungen und geheimen Bündnissen mit dem Erbfeind kam die Türkennoth, von den mit dem deutschen Reich verbundenen westlichen Ländern kam die Befreiung. Ungarn hat seine „Nebenländer" stets als eins mit sich betrachtet wenn es den allgemeinen Vortheil des Gebietes der St. Stephanskrone galt, z. B. das Ansehen einer maritimen Macht wegen des kroatischen Küstenstrichs und des Hafens von Fiume. Ungarn hat sich aber stets von seinen „Nebenländern" geschieden wo es seinen besondern Vortheil als Hauptland galt, hat wiederholt mit Siebenbürgen wegen der nordwestlichen „Partes" Kraszna, Zaránd, Mittel-Szolnok ꝛc., mit Kroatien wegen der Mur-Insel und des Gebietes von Fiume-Rieka gehandelt und geseilscht. Das regierende Haus dagegen hat sich den Ansprüchen der ungarischen Nebenländer immer gerecht gezeigt und ihnen, wo es konnte, zur Erfüllung derselben verholfen.

* * *

Hat sich Ungarn der Pragmatischen Sanction gegenüber seine Sonderstellung gewahrt?

Allerdings! In dem dritten Artikel der Propositionen vom Juli 1712 wird die Zuversicht ausgesprochen daß der nach der neuen Thronfolgeordnung berufene Regent sowohl Ungarn als dessen Nebenländern gegenüber „alle Gesetze, Rechte, Freiheiten, Privilegien, Statuten und Gewohnheiten" beobachten und „dieses Königreich nicht nach Art der übrigen Erbländer, sondern nach dessen eigenen bisher gemachten oder in Hinkunft landtäglich zu machenden Gesetzen leiten und regieren" werde — „Regnumque hoc non ad normam aliarum Haereditariarum Provinciarum, sed ipsius Regni hactenus factis vel in futurum diaetaliter constituendis legibus diriget et gubernabit". Auch das wurde nicht vergessen, daß die heilige St. Stephans-Krone für alle Zeiten im Lande Ungarn bleiben und daß letzteres nicht blos alle dermalen ihr zugehörigen Nebenländer behalten, sondern daß auch jene ältern „partes adnexae", die im Laufe der Zeiten thatsächlich vom Hauptstamme losgelöst worden, falls dieselben zurückerobert oder wiedererworben würden, Ungarn neuerdings einverleibt werden sollten.

Welchen Sinn, welche Kraft und Bedeutung haben diese Verwahrungen?

Virtuell keine andern als die ähnlichen Verwahrungen der hergebrachten „Freiheiten, Gerechtigkeiten und Privilegien", der „Fundamental-Landes-Gesetze" 2c., die auch von den Ständen der meisten andern Länder, z. B. den böhmischen bei diesem Anlasse in Erinnerung gebracht wurden. Nothwendig waren im Grunde diese Verwahrungen nicht, weil einerseits die Pragmatische Sanction, außer der Thronfolgeordnung, an jenen Verhältnissen ohnehin nichts änderte, und weil andrerseits der eigentliche Platz für derlei Verwahrungen ein ganz anderer war, nämlich bei Gelegenheit der jeweiligen Krönung oder Erbhuldigung, was denn auch von den betreffenden Ständen bei

Karl VI. eben so wenig außeracht gelassen wurde, als bei irgend einem von dessen Vorfahren oder Nachfolgern.

Wir sagen „virtuell"; denn thatsächlich und praktisch bestand allerdings zwischen den ungarischen Verwahrungen und jenen der andern Länder darum ein großer Unterschied, weil Ungarn sich fortwährend im ungeschmälerten Besitze und in der unverkümmerten Ausübung seiner verfassungsmäßigen „Rechte und Freiheiten" befand, während von jenen der nicht-ungarischen Länder ein großer Theil mehr nur noch auf dem Papiere und in den Krönungs-Diplomen 2c. stand, ein anderer in der Ausübung nur ein matter Schatten desjenigen war was ihnen früher in leibhafter Gestalt zugestanden hatte, und im großen alles mehr und mehr auf jenen Absolutismus hinsteuerte dessen erster Ursprung in den Folgen der Weißenberger Schlacht und der damaligen Demüthigung und Decimirung der böhmischen, mährischen, österreichischen Stände zu suchen ist.

Gegen diese Gefahr nun: gleich den andern habsburgischen Ländern absolutistisch beherrscht zu werden, wollten sich die Ungarn schützen, als sie die Forderung stellten daß sie „non ad normam aliarum Haereditarium Provinciarum" geleitet und regiert werden sollten, eine Forderung die sie siebenzig Jahre später, nachdem sie in der Zwischenzeit unter dem autokratischen Regimente Joseph II. eine so unangenehme Erfahrung gemacht hatten, dessen Nachfolger Kaiser Leopold II. gegenüber auf das nachdrücklichste wiederholten. Denn unser Ungarn, hieß es im X. Gesetz-Artikel des Landtags von 1790/1, „ist nebst den damit verbundenen Theilen ein freies Land, und hinsichtlich seiner ganzen gesetzlichen Verwaltungsform (alle Dicasterien mit einverstanden) unabhängig d. h. keinem andern Reiche oder Volke unterworfen, sondern besitzt seinen eigenen Bestand und Verfassung und ist folglich durch seinen rechtmäßig gekrönten erblichen König nach eigenen Gesetzen und Gewohnheiten, nicht aber nach Art der andern Provinzen, zu regieren und zu verwalten".

Daß es aber den Ungarn von damals nicht beigefallen ist, mit jener Stelle („non ad normam aliarum Provinciarum") eine verfassungsmäßige Scheidung von den andern Königreichen und Ländern anzustreben, sich dabei jenes Phantom vorschweben zu lassen das unter dem gegenwärtigen Aushängschilde des „Dualismus" leider feste Gestalt gewonnen hat, das bedarf nach allem, was im Vorstehenden über den Ursprung und Gang der Sanctions-Verhandlungen auseinandergesetzt wurde, keiner weitern Nachweisung. Der Nachdruck womit die Ungarn auf das „indivisibiliter et inseparabiliter", auf das „invicem ac simul", auf das „una cum aliis quoque Regnis et Provinciis Haereditariis in et extra Germaniam sitis" immer wieder zurückkamen, schlägt die Sophistereien, womit die neueste magyarische Schule aus jener Stelle die Rechtfertigung und geschichtliche Begründung ihrer jetzigen Bestrebnisse herausdeuteln möchte, insgesammt zu Boden.

1848.

Der schlagendste Beweis, daß die Verwahrung „non ad normam aliarum Haereditariarum Provinciarum" in keinem anderen Sinne gemeint war als in dem, daß die ungarischen Länder zu keiner Zeit in der Weise regiert werden sollten, wie die nicht=ungarischen damals regiert wurden, nämlich absolut, liegt wohl in dem Umstande, daß die große Bewegung des Jahres 1848 von ungarischer Seite ihren Ausgang von dem, jener Forderung in umgekehrter Ordnung entsprechenden Satze genommen hat: daß die nicht=ungarischen Länder von nun an in der Weise regiert werden sollen wie die ungarischen, nämlich nicht absolut. „Denn der wird der zweite Gründer des Hauses Habsburg sein, der das Regierungs=System der Monarchie in constitutioneller Richtung refor= miren und den Thron des erlauchten Herrscherhauses auf die Freiheit seiner treuergebenen Völker unerschütterlich gründen wird". So sagte Kossuth im Presburger Ständesaale am 3. März 1848 in jener großen Rede die diesseits wie jenseits der Leitha mit gleich zündender Wirkung einschlug, und die insbesondere in Wien am 13. einen der auffallendsten und wirksamsten Factoren bildete die zu den Con= cessionen der folgenden Tage, namentlich zur Verleihung der Constitu= tion für alle Theile des Reiches führten. Die „norma regendi et

gubernandi" war jetzt die gleiche in den ungarischen und in den nicht=
ungarischen Ländern, nämlich die constitutionelle, und der Haupt=
grund der den Ungarn jene Verwahrungen von 1712 und
1790 eingegeben hatte, war weggefallen.

Freilich haben die Führer der ungarischen Bewegungspartei, ihren
Vortheil ersehend, gleich darauf die Liebe, die sie erst ihren Mitländern
zuwenden zu wollen schienen, ausschließlich und rücksichtslos für sich
selbst aufgespart; haben ihre Ansprüche in Petitions=Punkte gefaßt die
das Band jener untheilbar und unabtrennbar mit Ungarn verbundenen
Königreiche und Länder „in et extra Germaniam sitis" nicht bloß
lockerten sondern in ihren letzten Consequenzen völlig zerrissen; haben
endlich für ihre ausschreitenden Forderungen die Zustimmung einer
von Bestürzung und Schrecken gelähmten Regierung, die Genehmigung
eines an Kraft und Willen gebrochenen Monarchen zu erstürmen
gewußt. Allein gerade jenes plötzliche Umspringen von dem einzig
loyalen Standpunkte zu einem von Grund aus illegalen, wie dies nur
in Zeitpunkten völliger Verwirrung und Planlosigkeit möglich ist;
jenes Brechen mit einer mehr als dreihundertjährigen geschichtlichen
Vergangenheit, jenes Beiseitwerfen aller bis dahin bestandenen durch die
heiligsten staatsrechtlichen Acte gewährleisteten Grundsätze und Normen;
endlich jenes theils listige theils gewaltthätige Erhaschen der Zugeständ=
nisse des andern Theiles; gerade jene Genesis, sagen wir, der soge=
nannten Achtundvierziger Gesetze spricht mehr als alles gegen deren
verfassungsmäßige Giltigkeit und Rechtsbeständigkeit, und wie Hohn
klingt es, einer so gestalteten Thatsache gegenüber die „tausendjährige"
Verfassung Ungarns anrufen, und das Merkmal und die bindende
Kraft einer „Rechts=Continuität" für einen Act beanspruchen zu wollen
dem alle Eigenschaften eines vollständigen Rechtsbruches anklebten.

Im weitern Verlaufe der eingangs erwähnten Rede, die mit
einem so unanfechtbaren Postulate begonnen hatte, formulirte Kossuth

zum erstenmal die Forderung eines abgesonderten verantwortlichen
Ministeriums für Ungarn und beantragte die Abfassung einer Adresse
die von Mitgliedern beider Häuser an die Stufen des Allerhöchsten
Thrones überbracht werden sollte. In dem verfassungsmäßigen Ge=
wohnheitsrecht Ungarns war es begründet daß die „Ablegaten" von
ihren Wählern Instructionen erhielten, an die sie sich während des
Landtags bei der Berathung und Abstimmung zu halten hatten. Die
derart eingegangene Verbindlichkeit war so streng· daß die Comitate,
falls ihre Deputirten gegen die ihnen ertheilte Instruction handelten,
dieselben noch während der Sitzungs=Periode des Landtags abberufen
und durch andere ersetzen konnten. Kam während des Landtages ein
Gegenstand in Anregung für welchen in den Instructionen nicht vor=
gedacht worden war, so mußten die betreffenden Deputirten sich nach=
träglich an ihre Committenten wenden und deren Weisungen einholen.
Das zog allerdings mitunter die Verhandlung sehr in die Länge; allein
es war, wie gesagt, im verfassungsmäßigen Leben und Herkommen be=
gründet und wurde unverbrüchlich gehalten. Im Landtage von 1843/4
war es zum erstenmal vorgekommen daß ein von der Regierung ein=
gebrachtes Gesetz verworfen wurde, ohne daß die Deputirten von ihren
Comitaten darüber Weisungen eingeholt hatten: am 3. März 1848
trat derselbe Fall nur in anderer Anwendung ein, daß nämlich ein
aus der Mitte des Landtages hervorgegangener Antrag in Verhand=
lung genommen wurde für welchen weder der Antragsteller noch die
Zustimmenden die Ermächtigung ihrer Committenten eingeholt und
empfangen hatten. Die Sache war aber hier um so greller, als die
bestehende „tausendjährige" Verfassung nur einerseits den König und
dessen Kanzleien und Behörden, andrerseits die gesetzlich berufenen
Stände kannte und darum für einen zwischen diese Beiden hinein=
geschobenen Factor, wie es nach modern=constitutionellen Begriffen das
verantwortliche Ministerium ist, keinen Platz hatte; weil es sich dem=

nach hier um vollständiges Aufgeben einer der Haupt-Grundlagen der bisherigen Verfassung handelte, jener Verfassung in deren Geist und Gränzen die den Ablegaten von ihren Committenten mitgegebenen Instructionen insgesammt gehalten waren.

Zu dieser ersten Verfassungswidrigkeit kam wenige Tage später eine andere. Der von der Ständetafel gefaßte Beschluß mußte zu den Magnaten gelangen, und erst wenn diese zustimmten konnte derselbe als einer des Landtages betrachtet und in weitere Verhandlung genommen werden. Allein von den Magnaten wurde Vertagung beschloßen; gleich darauf gingen der Index Curiä und der Tavernicus nach Wien ab, und so lang sie abwesend konnte keine Sitzung gehalten werden. Jetzt wollte Kossuth die beiden Functionaire in Anklagestand versetzt wissen; die Adresse aber sollte, mit Umgehung der oberen Tafel, unmittelbar von den Ständen an des Königs Majestät gebracht werden, 8. März. Die Bewegungs-Partei drang mit diesen Vorschlägen nicht durch, und es kam nun darauf an, alle Hebel in Bewegung zu setzen die Zustimmung der Magnaten herbeizuführen. Gerüchte wurden verbreitet daß der Palatin, wenn letzteres nicht geschähe, abdanken wolle und daß ihn dann die Bewegungs-Partei zum Könige ausrufen werde — Gerüchte an denen, wie kaum erwähnt zu werden braucht, der zwar schwache, aber durchaus loyale Prinz nicht den geringsten Antheil hatte. Mehr aber als solche versteckte Einflüsterungen und Drohungen bewirkte der Sturm der Ereignisse, und als nun nach erhaltener Kunde von den Wiener Vorgängen am 13. der Palatin selbst das Gewicht seines Wortes und Ansehens in die Wagschale warf, war jedes freie Wort gelähmt, aller Widerstand gebrochen. „Dem Antrage (der Ständetafel) einfach widersprechen", sagt Michael Horváth dem man in solcher Sache auf's Wort glauben kann, „wäre so viel gewesen als den Zornausbruch des für die große Reform schon in heißer Sehnsucht erglühten Publicums hervorzurufen. Welcher Antrag immer während dieser paar Tage auf's Tapet kam, an der Verhandlung derselben ist die Einwirkung der außergewöhnlichen Ereignisse auf die Gemüther wahrzunehmen; jede trägt mehr oder minder den Stempel der allgemeinen europäischen Gährung an sich". Man habe, fährt dieser Gewährsmann fort, die Überzeugung gewonnen daß jetzt keine Zeit dazu sei, die Codification in dem vorgeschriebenen bedächtigen Wege reichstäglicher Commissionen in Gang zu bringen, daß vielmehr alles „durch schnelle Verhandlung mit einfachen Gesetzvorschlägen", „durch einfache Abstimmung" zu Ende zu führen sei. Ja auch damit war es noch nicht abgeschlossen! Denn jetzt genügte, von der drängenden Hast des Tages getrieben, der ursprüngliche Adreß-Entwurf nicht mehr; was darin mehr nur angedeutet war, das verlangte man ohne Ziel und Maß, und stürmte nach der Residenz des Königs, dessen erjagte Zustimmung dem unberathenen Werke die Krone aufsetzen sollte.

Die königliche Zustimmung erfolgte vag und unbestimmt, gleich den Bitten die man gestellt hatte. Erst nur mündlich, in huldvollen Ausdrücken, unter Bezeigung landesfürstlicher Gewogenheit. „Die Deputation nahm zwar die Antwort des Königs mit Zufriedenheit auf; aber dadurch war für das Land eigentlich noch gar nichts gewonnen. Daher bestrebten sich mehrere Mitglieder der Abordnung, denen ihres persönlichen Credits wegen die Thüren bei Hofe offen standen, diesen Vortheil in energischer Weise dazu zu benützen, um die zäheren Mitglieder der kaiserlichen Familie und manche einflußreichere Würdenträger am Hofe von der Rechtmäßigkeit der Wünsche, von der Nothwendigkeit des Nachgebens zu überzeugen. Fürst Paul Eszterházy bat um Einlaß beim Erzherzog Ludwig und antwortete, als er zum Warten angewiesen wurde, in scharfer Weise: daß jetzt keine Zeit sei sich an die Regeln der Hof-Etiquette zu halten, da vom Behalten oder Verlieren einer Krone die Rede sei". Ob diese letztere Thatsache sich buchstäblich so verhalten habe, wissen wir nicht. Wohl aber ist uns etwas von einer unter erzherzoglichem Vorsitz abgehaltenen Berathung bekannt bei welcher, mit Ausnahme eines einzigen Mitstimmenden, von allen Übrigen Motive solcher Art, wie das angebliche des Fürsten Paul, angewendet wurden, ja einer der älteren Würdenträger, ehrlich und loyal, aber eingeschüchtert und betäubt, sich vor dem Vorsitzenden auf das Knie niederließ, ihn zu beschwören das Schicksal der Krone durch längeres Hinhalten nicht auf's Spiel zu setzen. So erging denn am 17. März 1848 an den Erzherzog-Palatin jenes Allerhöchste Handschreiben, worin der Kaiser, „der reinen Einflüsterung Meines väterlichen Herzens" nachgebend, die „Bildung eines dem Sinne der vaterländischen Gesetze gemäß verantwortlichen Ministeriums" genehmigte, den Palatin ermächtigte geeignete Persönlichkeiten dafür zu bezeichnen, hinsichtlich ihres Wirkungskreises Gesetzesvorschläge, „mit gehöriger Würdigung jenes auch von den Ständen in richtiger Weise hochgehaltenen engsten Verbandes der zwischen Meinen durch die pragmatische Sanction vereinigten und zu Meiner väterlichen Sorgfalt gleichberechtigten Erbländern besteht", zu unterwerfen 2c.

Wenn die letzt angeführte Verwahrung beweist daß man sich an maßgebender Stelle sehr wohl bewußt war, von welchem Boden aus und innerhalb welcher Schranken allein man sich den Ungarn gegenüber auf, die bisherigen staatsrechtlichen Verhältnisse beirrende Zugeständnisse einlassen könne, so liefert dagegen die Phrase von dem „dem Sinne der vaterländischen Gesetze gemäß" verantwortlichen Ministerium einen traurigen Beleg, bis zu welchem Grade man sich ungarischerseits herausgenommen haben mußte, den Gütigsten der Monarchen über den wahren Stand der Frage zu täuschen, den vertrauensvollen Sinn desselben zu berücken. Auch scheint man — während Kossuth noch am Abend desselben Tages in Presburg den Grafen Louis Batthyányi dem Volke als ersten constitutionellen Minister-Präsidenten Ungarns vorstellte und drei Tage später den in seiner einen Hälfte, der untern Tafel nämlich, verfassungsgemäß an die Instructionen der Comitate gebundenen Landtag im Handumdrehen in einen souverainen verwandelte, dem, wie er der Pester Deputation erklärte, allein das Recht zukomme Gesetze zu geben und aufzuheben! — auch scheint man, sagen wir, während dieser Vorgänge jenseits der Leitha, höchsten Ortes zu reiferer Überlegung und Prüfung dessen, was man den Ungarn ohne Beeinträchtigung der Krone und der übrigen Königreiche und Länder gewähren könne, gelangt zu sein und sich schließlich dafür entschieden zu haben daß die Tragweite des kaiserlichen Handschreibens vom 17. jedenfalls nicht bis zur Schaffung eines selbständigen Kriegs- und Finanz-Ministeriums ausgedehnt werden könne. Allein zu solch nachträglicher Eindämmung war jetzt keine Zeit mehr. Als am 29. der Palatin mit der königlichen Antwort auf den die Constituirung des neuen Ministeriums behandelnden Gesetzesvorschlag nach Presburg kam, brausten die Leidenschaften in wildester Art auf. Kossuth wies mit Fingern auf den Erzherzog Ludwig „der nicht das geringste Recht hat sich in die ungarischen Angelegenheiten zu mischen," auf den „gestürzten" Hofkanzler Apponyi, auf den Baron Jósika der bei seinen siebenbürgischen Angelegenheiten bleiben möge, und „jenen Menschen den ich nicht nennen will, der hier jahrelang das schmachvolle Werkzeug des Seelenverkaufes war"; und schloß mit der Drohung, wenn nicht schnellstens die königliche Entscheidung in dem erwarteten Sinne erfolge, „dann mögen diejenigen die diese Dinge verursacht haben mit sich abrechnen, und ich wünsche daß man Apponyi, Jósika und Wirkner des Vaterlandsverrathes anklage und proscribire". Die Galerie und die Gasse waren bereit, das Wort zur That werden zu lassen, und da die drei Genannten abwesend waren so fahndete man auf Zsedényi, dessen Name unter dem königlichen Rescript stand, und unternahm in mehreren Häusern, wo man ihn zu finden hoffte, gewaltsame Durchsuchung. Noch bedrohlicher gestalteten sich die Dinge in Pest.

Volksmassen liefen zusammen, „Zu den Waffen!" und: „Nieder mit der deutschen Regierung!" rufend. Andere eilten zu den Kirchen um Sturm läuten zu lassen, was Szemere, Klauzál, Nyáry u. A. mit Mühe verhinderten. Der Vorschlag einer provisorischen Regierung wurde gemacht falls der Palatin und die Minister, wie es heiße, zurücktreten wollten. Auf die Nachricht von diesen Vorgängen flog Erzherzog Stephan nach Wien, 30. März, andern Tags war er in Presburg zurück — „alles bewilligt":

Die vollziehende Gewalt wird vom König durch ein verantwortliches Ministerium geübt, das alle Verwaltungszweige, inbegriffen Krieg und Finanzen, in vollem Umfange und vollständig unabhängig von den übrigen Erbländern vertritt —

All dies aber nur wenn der König im Lande d. h. in Ungarn ist; ist er dies nicht, so tritt an seine Stelle der Palatin mit unbeschränkter Machtvollkommenheit, der dem Könige den Minister-Präsidenten zur Genehmigung vorschlägt, wie dieser dem Könige die andern Minister —

Die gesetzgebende Gewalt steht dem Könige und dem Landtage zu; des letztern Deputirtentafel kommt durch directe Wahl aus allen Theilen Ungarns und dessen Nebenländern, die Militärgränze inbegriffen, zustande; und ist jeder Ungar wählbar der vierundzwanzig Jahre zurückgelegt hat und der Verordnung des Gesetzes, welches die ungarische Sprache als die einzige gesetzliche erklärt, zu entsprechen vermag.

* * *

Auf solche Weise sind die sogenannten Achtundvierziger Gesetze geschaffen worden!

Die sogenannten, sagen wir. Denn waren sie es nach Recht und Wahrheit?

Sie waren es nicht von unten her, nach der Art ihres Zustandekommens; denn es fehlte ihnen:

erstens die nach mehrhundertjähriger verfassungsmäßiger Übung zu deren Anregung Behandlung und Schlußfassung bei der Stände-Tafel erforderliche diesbezügliche Instruirung der Deputirten seitens ihrer Comitate; es fehlte ihnen

zweitens jede geregelte Berathung überhaupt, und die nach ungarischem Gesetz und Gewohnheitsrecht vorgeschriebene Behandlungsweise eingebrachter Gesetzentwürfe insbesondere, da sie in beiden Häusern fast nur durch einfache Abstimmung oder gar regellose Acclamation angenommen wurden.

Sie waren es aber auch nicht von oben her, wegen der theils unlautern Erwirkung theils anfechtbaren Rechtskraft der Zustimmung des Monarchen.

Wir haben uns für die Darstellung der Genesis der achtundvierziger Zugeständnisse mit Absicht Michael Horváth zum Führer erkoren, erstens weil wir ihn für einen mit den damaligen ungarischen Verhältnissen und Vorgängen wohl vertrauten Schriftsteller glauben halten zu dürfen, und zweitens weil ihn doch niemand als parteiisch für die Sache die wir vertreten wird erklären wollen. Nun was erzählt Horváth über den Hergang wie die erste königliche Zustimmung gewonnen wurde? Der „König" gab bei der ersten großen Audienz eine gnädige Antwort in allgemein huldvollen Ausdrücken. Damit waren begreiflicherweise die Petenten nicht zufrieden, sie wollten etwas bestimmteres und etwas schriftliches. Um dies zu erreichen machten nun jene Parteigänger, die näheren Zutritt zu „einflußreichen" Persönlichkeiten des Hofes hatten, zu diesen ihre vertrauten Gänge, und namentlich war es der Erzherzog Ludwig dessen maßgebende Stellung zunächst des Thrones sie zu forciren wußten um dahin zu gelangen wohin man wollte. Mit andern Worten, man hat für seine Zwecke in ausgiebigster Weise jene Elemente in eingeschüchterte und überstürzende Thätigkeit zu setzen keinen Anstand genommen, deren dem Monarchen ergebenes Wirken man gleich darauf, und durch den ganzen weitern Verlauf der Revolution, unter dem Hetzwort der „Camarilla" der tödtlichen Verfolgung und Anfeindung der Massen preisgab. Denn als in den höchsten Kreisen Überlegung an die Stelle der Übereilung zu treten schien; als die königliche Entschließung bezüglich der auf jene erste Allerhöchste Kundgebung mit geschäftiger Hast aufgebauten ungarischen Gesetz-Entwürfe auf sich warten ließ; als man von oben daran gehen wollte die exorbitanten Consequenzen, die aus den vagen Ausdrücken der königlichen Huld gezogen werden konnten und thatsächlich gezogen wurden, in die gehörigen Schranken zu weisen: da war es derselbe Erzherzog Ludwig den man früher ausgebeutet hatte und von dem jetzt Kossuth in offener Landtagssitzung sagte: „Wer ist er, daß er sich anmaßt in ungarischen Angelegenheiten Einfluß zu üben? Sitzt er auf dem Throne, oder hat er Nachfolgerecht, oder ist er Palatin? Und wer sind die Hartige, die Windischgrätze, und wer weiß noch was für Individuen von deren Einfluß unsere Sache abhängen soll? Wir haben jetzt einen ernannten ersten Minister, und nur auf dessen Rath hat fernerhin der König zu hören!" Auf diesem Standpunkte blieb von da an die ungarische Revolutions-Partei. Was sie „Camarilla" nannte, war ihr gut genug als ihr selbe dazu verhelfen sollte den Fuß in den Steigbügel zu setzen; nachdem dies geglückt hieß es: „Wir wollen es nur mit unserem Könige, mit Ihm ausschließlich und allein zu thun haben, wir brauchen und dulden keine Mittelsperson zwischen Ihm und uns als unsern von Ihm ernannten Minister-Präsidenten".

Zu alle dem tritt nun aber noch ein zweites, wie man nicht umhin können wird zuzugestehen, entscheidendes Bedenken. Am 15. März hatte Kaiser Ferdinand der Gütige seinen Völkern eine

Constitution verliehen; er hatte sich, mit andern Worten, in aller und jeder Richtung jenes absolutistischen oder, nennen wir es milder und vielleicht auch richtiger, patriarchalischen Regiments begeben, das sich unter seinen Vorfahren seit 1621 in dem nicht=ungarischen Theile seiner Erbländer allmälig herausgebildet hatte, und das selbst in den ungarischen trotz Verböcz und Verfassung thatsächlich in reichem Maße geübt wurde. Die Ungarn selbst hatten auf jenen Umschwung ge= drungen: nicht blos sie, sondern auch die Angehörigen der übrigen Erbländer sollten hinfort constitutionell regiert werden! Konnte aber nach diesem großen Schritte der gemeinsame Monarch, durfte er am 17. März noch etwas „der reinen Eingebung Seines väterlichen Herzens gemäß" beschließen?!

* * *

Es wäre nicht das erstemal gewesen daß staatsrechtliche Ver= änderungen, die einen revolutionairen Ursprung hatten, durch nach= malige stillschweigende Anerkennung oder ausdrückliche Gutheißung zu bleibender Geltung erwachsen sind. Allein „sanirt" kann nur werden was nicht seinem innersten Wesen nach insan ist. So waren auch die verfassungsmäßigen Zustände, deren sich die nicht=ungarischen Länder nach dem 15. März 1848 zu erfreuen hatten, ohne Frage revolutionairen Ursprungs; allein sie sind, um ihrer dem fortgeschrittenen Zeitgeiste unläugbar entsprechenden Zweckmäßigkeit willen, durch nachmalige ge= regelte Berathung und Verhandlung im constituirenden Reichstage und die der Hauptsache nach auf das Ergebnis dieser Berathungen gebaute Verfassung vom 4. März 1849 sanirt, zu Recht und Geltung auf= genommen worden.

Hat etwas ähnliches bezüglich der ungarischen s. g. Achtundvierziger Gesetze stattgefunden?

Niemals und in keiner Richtung!

Die ungarischen s. g. Achtundvierziger Gesetze haben erstens in die Rechte des Monarchen eingegriffen: der Kaiser von Österreich sollte durch sie in die Zwangslage gebracht werden, entweder mit völliger Hintansetzung seiner Stellung zu den nicht-ungarischen Ländern seinen bleibenden Sitz auf ungarischem Boden aufzuschlagen, oder, dafern er außer Landes, auf die unmittelbar persönliche Ausübung seiner Majestätsrechte in demselben zu verzichten. Haben der Kaiser und die Dynastie zu diesem anmaßenden Begehren jemals eine geregelte Zustimmung gegeben, d. h. eine solche die nicht wie die vom 17. März erschwindelt, oder wie jene vom 30./31., erstürmt worden wäre? Keineswegs! Von Seiten der kaiserlichen Regierung hatte man von allem Anfang jener ausschreitenden Auslegung, die ungarischerseits den März-Gewährungen des Monarchen gegeben worden, die Billigung versagt, und Monate hindurch die Hoffnung unterhalten es werde im Wege friedlicher Verhandlung gelingen, die jenseitigen Zumuthungen auf ein Maß herabzusetzen das mit den Grundlagen der Pragmatischen Sanction und mit den Interessen des Gesammtstaates nicht in Widerspruch stände. Als dieser Versuch, trotz der vermittelnden Dazwischenkunft des damaligen kaiserlichen Alter-Ego Erzherzogs Johann, keine Folge hatte, vielmehr das Pester Ministerium in seinen Ansprüchen so weit ging von der Wiener Regierung Unterstützung gegen das kaisertreue Kroatien und Slavonien zu verlangen, legte das Ministerium Wessenberg Sr. Majestät dem Kaiser eine vom 31. August gezeichnete Denkschrift vor, worin es die drei Fragen:

 a) Stehen die Änderungen, welche die ungarische Landesregierung seit März 1848 vorgenommen hat, mit der Pragmatischen Sanction im Einklang?

 b) Sind diese Änderungen dem Gesammtstaate oder dessen einzelnen Theilen zuträglich?

c) War der Monarch berechtigt, jene Zugeständnisse an einen Theil des Gesammtstaates zu machen? —

aufstellte und insgesammt auf das entschiedenste verneinte.*) Nun gab auch der Hof seine Misbilligung dessen, was sich in Ungarn auf Grund der überstürzten März-Gewährungen mit hochverrätherischen Endzielen entwickelt hatte, in einer Reihe von Manifesten, das erste vom 4. September, kund und nahm sich, als das mahnende Wort fruchtlos verhallte, sein gutes Recht durch gewaltsame Bändigung des Aufstandes wieder zurück.

Die ungarischen s. g. Achtundvierziger Gesetze haben zweitens in die Rechte der Nebenländer der St. Stephanskrone eingegriffen: die Ungarn haben die auf ihren ausschließlichen und einseitigen Vortheil berechneten März-Forderungen gestellt und formulirt, ohne sich der Zustimmung einerseits Kroato-Slavoniens andererseits Siebenbürgens zu versichern; sie haben überdies die theils angeborenen theils durch jahrhundertlange Übung und Verfassung garantirten Rechte der nicht-magyarischen Volksstämme rücksichtslos dadurch verletzt, daß sie für die Ausübung des höchsten politischen Rechtes der Einzelbürger, der activen Theilnahme an der Landesgesetzgebung, einen Census einführten der alle nicht-magyarischen Stammesgenossen als solche, d. h. sofern nicht der Einzelne unter günstigen Verhältnissen sich die ungarische Sprache anzueignen vermochte, grundsätzlich ausschloß. Haben Kroatien und Slavonien, hat Siebenbürgen nachträglich in unanfechtbarer Weise ihre Zustimmung zu jenen wesentlichen Umstaltungen gegeben? Nein! Kroatien und Slavonien sind vom ersten Augenblicke dagegen aufgestanden und für die Wahrung ihrer Sonderrechte in die Schranken getreten. Bezüglich Siebenbürgens wollte man, wie es zuerst den Anschein hatte, in vollkommen loyaler Weise vorgehen,

---

*) Siehe Anhang II S. 157—170.

indem man die Annahme der ungarischen Neuerungen, und besonders die größte und folgenschwerste derselben, die Union Siebenbürgens mit Ungarn, von der Zustimmung des verfassungsmäßig berufenen dortigen Landtags abhängig machte (Art. VII der s. g. Achtundvierziger Gesetze). Doch es war nur wohlberechnete Täuschung. Dem Wesen nach dieselben Mittel, die man dem Monarchen gegenüber angewandt hatte um dessen formale Zustimmung zu den ausschreitendsten Forderungen zu erringen, nämlich theils List theils Drohung, folglich moralische Gewalt, wurden auch in Siebenbürgen in Thätigkeit gesetzt um die formale Annahme der ungarischen Zumuthungen seitens des dortigen Landtags zu Wege zu bringen. Der Gouverneur Graf Joseph Teleki mußte alles aufbieten um jeden Widerstand gegen eine Verschmelzung Siebenbürgens mit Ungarn von vornherein zu brechen. Am 2. Mai kam er nach Hermannstadt um die Sachsen erst durch Überredung, dann durch Einschüchterung fügsam zu machen. Dem Bischofe Schaguna, der sich im Auftrage und in Vollmacht des romanischen Volkes, des zahlreichsten im Lande, an das kaiserliche Hoflager schutzflehend begeben wollte, wurde nicht blos der angesuchte Urlaub verweigert, sondern ihm selbst verwehrt sich auf seinen Bischofsitz nach Hermannstadt zu begeben. Die sämmtlichen im Lande befindlichen Truppen wurden, noch vor Annahme und Vollzug der Union, unter die alleinigen Befehle des ungarischen Palatins gestellt. Als es dann zum Klausenburger Landtage kam, wurde den sächsischen Deputirten zu verstehen gegeben daß es sich um ihr Leben handle wenn sie sich dem thatsächlich bereits gefaßten Beschlusse widersetzen wollten. Am 30. Mai kam letzterer nach Anwendung derartiger Mittel, und nebstbei mit wesentlichen Formgebrechen, wie mangelnder Instruction seitens der sächsischen Jurisdictionen, äußerlich und scheinbar zustande, am 19. Juni verkündete der Gouverneur die erfolgte landesfürstliche Bestätigung ... Solches war, um einen Ausdruck des gewiegten Verfassers der „Genesis der Revolution in Österreich" zu gebrauchen, das „Puppenspiel landtäglicher Deliberation" in Klausenburg, auf solchem Wege vollzog Siebenbürgen, dessen selbständige Geschichte so alt wie die ungarische ist, seinen „politischen Selbstmord"! Auf solche Art fügte die ungarische Bewegungs-Partei zu den früheren Gesetzwidrigkeiten eine Reihe von neuen, und so gewiß Unrecht nicht durch Unrecht geheilt werden kann — ein „similia similibus" in dieser Anwendung giebt es nicht —, so gewiß ist die Verschmelzung Siebenbürgens mit Ungarn im Jahre 1848 nicht recht- und gesetzmäßig vollzogen worden. Was die nicht-magyarischen Nationalen betraf, so waren die Erhebung der Serben, der Aufstand der Romanen, die Einsprache der Siebenbürger Sachsen, die Putsche in der Slovakei eben so vielen Protesten gleichzuachten welche diese Völkerschaften den herrischen Zumuthungen des Magyarismus entgegenstellten.

Die ungarischen s. g. Achtundvierziger Gesetze haben aber drittens in die Rechte der mit Ungarn seit 1526 unter dem habsburgischen Scepter verbundenen anderen Königreiche und Länder eingegriffen: denn diese Verbindung, durch eine mehr als dreihundertjährige Geschichte immer mehr gestählt und gestärkt, wurde durch die im Keime der ungarischen Anmaßungen liegende Einschränkung derselben auf die alleinige Person des gemeinsamen Herrschers verletzt und zerrissen. Haben sich jene anderen Länder nachträglich diese radicale Umstaltung ihrer bisherigen staatsrechtlichen Verhältnisse gefallen lassen? Im Gegentheil, sie haben, wo Anlaß dazu vorhanden war, entschiedene Verwahrung dagegen eingelegt! Als sich im April 1848 einige in Wien weilende Siebenbürger Sachsen an den Erzherzog Franz Karl, an den Minister Grafen Ficquelmont, an die niederösterreichischen Stände mit der Bitte wandten, die beabsichtigte Union ihres Landes mit Ungarn hintanzuhalten, schien den Landständen die Angelegenheit wichtig genug um dieselbe dem Ministerium auf das eindringlichste zu empfehlen und, als mitbetheiligter Factor auf Grund der Pragmatischen Sanction, gegen die Bestätigung der beabsichtigten Union vor Anhörung der Vertretungskörper der nicht=ungarischen Länder Einsprache zu erheben. Fünf Monate später am 19. September 1848 pochte eine ungarische landtägliche Deputation an die Pforten des Wiener Reichstagssaales und bat, nicht um mitwirkende Theilnahme, sondern wie ein Nachbar vom Nachbar um Einlaß und Gehör. Doch davon wollten die Vertreter der nicht=ungarischen Länder nichts hören. „Die Magyaren", sagte Brauner, „haben seit den Märztagen die Gelegenheit von sich gewiesen mit dem freien Österreich verbrüdert und vereint zu sein, während ein eben so großer Theil der ungarischen Nation, die Slaven, die Walachen, die Deutschen darnach streben". „Was ist Ungarn und was will die Deputation?" frug der Ritter von Remwall. „Ist es jenes Ungarn das durch das Band der Pragmatischen Sanction mit uns unauflöslich verbunden ist? Oder ist es das Ungarn welches seit dem April gezeigt hat daß es die Pragmatische Sanction vernichten und sie zu einem bloßen Blatte Papier herabwürdigen will? Ist es das Ungarn das im Jahre 1740 ‚Moriamur pro Rege nostra!' gerufen, das 1809 und 1813 an unserer Seite gekämpft, mit uns geblutet hat? Nein, das Ungarn ist es, welches von uns wegstrebt und nur seine eigenen Interessen verfolgt!" Und der Abgeordnete für Tachau rief: „Wenn einst die Magyaren sich durch die That als das bewähren werden was sie jetzt mit Worten zu sein vorgeben, wenn sie durch die That beweisen werden daß sie den Complex der österreichischen Länder wahrhaft als ihr Gesammt=Vaterland ansehen, dann bin ich der erste der ihnen die Thüre des Hauses öffnet, der erste der ihnen die Arme entgegenhält; aber nicht als Deputation werden wir sie dann empfangen, sondern unsere Plätze werden wir näher aneinander rücken und sie empfangen als Gleichberechtigte mit uns, damit sie mit uns tagen, damit sie mit uns berathen über das Wohl des österreichischen Gesammt=Vaterlandes, welches dann erst in Wahrheit ein österreichisches Gesammt=Vaterland auch für die ungarischen Länder sein wird!" Vergebens daß sich Brestel auf legislative Hermeneutik warf, um dem Reichstag begreiflich zu machen daß das Verbot Deputationen zu empfangen nur auf Solche Anwendung finden könne „die von Communen, von Vereinen, von einzelnen der auf dem Reichstage vertretenen Provinzen an uns gesendet werden sollten". Vergebens daß Borrosch die Versammlung beschwor, „nur dem Herzensdrange" Gehör zu geben und überzeugt zu sein „daß der politische Verstand in diesem Momente nicht weiser rechnen kann". Vergebens daß Löhner, der nie schöner sprach als wenn er sich von der Eingebung des Augenblicks leiten ließ, alle Minen seiner gewaltigen Beredsamkeit in Thätigkeit setzte. Der Mehrheit gefiel die Meinung der andern Seite, und mit 186 gegen 108 Stimmen, also mit nahezu Zweidrittel=Mehrheit, wurde der Antrag des Abgeordneten für Tachau angenommen, die Deputation abzuweisen; was, nach den Beweg= und Unterstützungsgründen die im Laufe der Berathung von den Rednern der Majorität waren geltend gemacht worden, einer Abweisung des politischen Standpunktes gleichkam den diejenigen vertraten welche die Deputation ausgesandt hatten.

Und gleich den im Wiener Reichstage versammelten Vertretern der nicht=ungarischen Länder hat auch die Journalistik als Organ der öffentlichen Meinung in ihren maßgebensten Repräsentanten in allen Ländern, ganz vorzüglich aber in Wien, energischen Protest dagegen erhoben:

a) „die pragmatische Sanction, den Völkervertrag aller Provinzen, durch eine Provinz einseitig auflösen zu lassen; dadurch aber

b) den andern Provinzen, ohne sie nur zu befragen, jene Lasten, welche bisher Ungarn für den Gesammtstaat getragen hatte und zu tragen schuldig war, auch noch aufzulegen."

* * *

Doch, war Ungarn, „juridisch genommen, nicht in vollem Rechte als es für sich ein unabhängiges Finanz- und Kriegs-Ministerium forderte"? Der ungarische Historiker der Revolution besinnt sich keinen Augenblick diese Frage mit ja zu beantworten. Ungarns diesfälliges Recht sei „unzweifelhaft und unwiderleglich", und vergebens habe das Wiener Ministerium sich abgemüht, „der Pragmatischen Sanction eine solch entstellte Erklärung zu geben als ob das Reich auf ein unabhängiges Finanz- und Kriegs-Ministerium nicht einmal ein Recht hätte". „Es ist unmöglich", schließt Michael Horváth seine Erörterungen, „das Recht des Reichs in dieser Beziehung in Zweifel zu ziehen".

Vielleicht dürfte es, erlauben wir uns bescheiden einzuwenden, im Gegentheil unmöglich sein das Recht des „Reichs" in dieser Beziehung zu behaupten.

Bezüglich des Kriegswesens sagte Madarász László am 31. März 1848: „er verstehe die Pragmatische Sanction in der Art, daß es gemäß derselben zwar Pflicht des Ungars sei zur Erhaltung der territorialen Unversehrtheit der österreichischen Monarchie hilfreiche Hand zu bieten, nie aber dazu daß die constitutionellen Bewegungen der Erbländer und deren eine Verfassung erflehenden Seufzer unterdrückt werden". Louis Battlyányi ging in der Großmuth gegen die Dynastie noch einen Schritt weiter; „es könnte sich ja der Fall ereignen", meinte er, „daß auch ein Angriffskrieg am Platze sei und man denselben einigermaßen als Vertheidigung ansehen könne, ohne daß das Territorium des Reichs direct wäre angegriffen worden".

Bezüglich der Finanzen äußerte sich Kossuth, der neu ernannte Ressort-Minister: „Von jetzt an werden wir dem Könige thun was wir ihm schuldig sind; die Hochherzigkeit der Nation wird es nicht dulden daß ihr König in Bladislav's Armuth gerathe; aber das übrige Einkommen des Landes werden wir für uns selbst verwenden 2c." Unter Bladislav war der Jagellone gemeint, 1490—1512, ein so sanfter und wohlwollender Fürst daß ihn die Böhmen nur „Král Dobré" nannten, was sie aber nicht hinderte ihren „König Schön gut" so lang zu ärgern und zu quälen bis er in sein zweites Königreich, Ungarn, ging wo er noch schlechtere Zeiten haben sollte. Denn zu allen äußern und innern verdrießlichen Händeln gesellte sich persönliche Noth. „Es übersteigt allen Glauben", erzählt Dubravius, „daß er in Ungarn, diesem reichen und überaus fruchtbaren Lande, mehr als einmal in solcher Bedrängnis war daß weder in der Speiskammer noch im Keller irgend ein Vorrath sich befand und er sich genöthigt sah ein Mittagsmahl zu erbetteln. Ich selbst habe es zu Ofen gesehen wie die Hofdiener mit leeren Flaschen zum Bischof Georg von Fünfkirchen liefen und Wein für des Königs Mittagsmahl forderten"...

Und das soll im Wortlaute, oder gar im Geiste der Pragmatischen Sanction liegen?! Zu anderem wären die Ungarn ihrem Könige nicht verpflichtet, als ihn nicht Hunger leiden zu lassen und dafür zu sorgen daß seine Weinflaschen immer gefüllt seien? Und gemeinsam mit den übrigen Ländern hätten sie sonst nichts zu leisten als allenfalls einen Angriffskrieg zurückzuschlagen? Vorausgesetzt überdies daß letzterem nicht die dehnbaren Schlagworte von „Nationalität" und „Völkerfreiheit" quer in den Weg liefen! Denn bekanntlich hat sich ja im Lauf der spätern Monate die Kossuth'sche Partei mehr als einmal gegen den Feldzug Radecki's, als dem „einigen Italien" zuwider, ausgesprochen und dafür Soldaten herzugeben geweigert!

Vorerst müßen wir erinnern daß, wie am gehörigen Orte ausgeführt wurde, die Bestimmungen der Pragmatischen Sanction für innere Fragen eigentlich gar nicht maßgebend sind, indem dieser Staatsact, der wesentlich und unmittelbar nur die Ordnung der Thronfolge betraf, alle andern Verhältnisse unberührt ließ und nur gelegenheitlich einige derselben erwähnt, bestätigt und zum Theil schärfer formulirt. Aber gerade von diesen Stellen der Pragmatischen Sanction, womit bereits vorgefundene Verhältnisse neuerdings bekräftigt wurden, sind keine unzweideutiger, nachdrücklicher, bindender, als die wiederholt von ungarischer Seite betonte Nothwendigkeit der untheilbaren und unabtrennbaren Verbindung mit den übrigen Erbländern, und zwar nicht blos „contra vim externam", gegen Angriff von außen, sondern auch zur Sicherheit gegen was immer für innere Wirrnisse und Gefahren, „quosvis fatales internos motus". Ja, wenn Madarász László die Pragmatische Sanction „in der Art" verstehen wollte, sie beziehe sich nur auf einen Vertheidigungskrieg nach außen, nicht aber auf Bewegungen in den Erbländern, so beweist der Wortlaut des G. A. I. von 1722/3 daß man gerade auf diese letzteren in erster Linie, auf jene erst in zweiter dachte: „in omnem casum, etiam contra vim externam"; denn der Gegensatz zur „vis externa" ist doch unbestreitbar die „vis interna", also Meuterei Aufstand Revolution.

Doch was bedarf es hermeneutischer Mühe, wo klarer als alles die Thatsachen sprechen! Daß nämlich die „Freiheit" und „Unabhängigkeit" der ungarischen Regierung und Verwaltung nicht in dem Sinne gemeint sein konnte wie die revolutionaire Partei der Jahre 1848/9 zu meinen vorgab, wird ja auf das schlagendste durch den Umstand widerlegt daß von 1526 bis 1848, also nach 1723 noch durch hundertfünfundzwanzig Jahre, und nach 1791 noch durch siebenundfünfzig Jahre nicht blos Äußeres Handel Zölle, sondern auch Krieg und Finanzen unbestritten in der Hand des gemeinsamen

Monarchen und der von diesem bestellten obersten Verwaltungsbehörden waren, ohne daß es jemand ernstlich beifallen konnte dagegen aufzutreten, als ob durch solche Geschäftsbehandlung der Pragmatischen Sanction oder dem Inhalt des Gesetz-Artikels X von 1790/1 zuwidergehandelt würde. So konnte auch Kaiser Ferdinand noch am 29. März mit vollem Grund verlangen, daß es bezüglich jener Einkünfte „die bisher aus Ungarn in die Centralcasse der Monarchie flossen" so wie bezüglich der dem Monarchen allein zustehenden „Ernennung der Ober-Officiere, der Verwendung der Truppen und der Bestimmung des von der Armee zu verfolgenden Zweckes" auch fernerhin sein Verbleiben haben solle.

Wie sonach die Union Siebenbürgens, dessen Stände in Vereinbarung mit ihrem Landesherrn 1722 selbständig die Pragmatische Sanction angenommen hatten, in diametralem Gegensatze zu diesem Staatsacte und überhaupt zu der ganzen mehrhundertjährigen Geschichte, deren Ergebnis und Ausdruck dieselbe gewesen, stand, so war es auch in jeder andern Richtung ein Humbug der lügenhaftesten Sorte, sich für die sogenannten Achtundvierziger Gesetze auf die Pragmatische Sanction berufen, und somit behaupten zu wollen man kehre damit nur zu dem Standpunkte von 1712 bis 1722/3 zurück.

Auch haben die nachfolgenden Thatsachen, auch hat die unaufhaltsame Nemesis der Ereignisse jenes Trugbild legaler Auffrischung althergebrachter Rechte und Satzungen in furchtbar greller Weise zu Schanden gemacht. Die ungarische Bewegungs-Partei des Jahres 1848 ist nicht zurückgekehrt zu dem Standpunkte von 1722/3, jenem Standpunkte der Loyalität und Ritterlichkeit, jenem Standpunkte treuer Anhänglichkeit an die Dynastie die sich das ungarische Land und Volk 1526 aus freier Wahl erkoren, jenem Standpunkte dankbarsten und lobpreisenden Gedenkens der ungeheuren Vortheile und Wohlthaten welche ihnen die Unterwerfung unter den erlauchten Stamm der Habsburger, die Genossenschaft so vieler und so reicher mitverbundener Länder und Volksstämme gebracht. Die ungarische Bewegungs-Partei des Jahres 1848, verstrickt in einen Größenwahn in welchem die überstürzten März-Gewährungen sie nur bestärken konnten, hat vielmehr vorwärts gejagt und gestürmt und gerast, bis sie bei jenem 14. April 1849 angelangt war, bei der Proclamirung Ungarns als „freien selbständigen und unabhängigen europäischen Staates" dessen Territorial-Einheit und Integrität mit allen dazu gehörigen Ländern Gebieten und Provinzen untheilbar und unantastbar sei; und bei der Erklärung des „treubrüchigen" und „hochverrätherischen" Hauses Habsburg als von aller Herrschaft über Ungarn, Siebenbürgen und die dazu gehörigen Länder und Provinzen „auf ewige Zeiten ausgeschlossen, aus dem Gebiete des Landes und Genuß aller Bürgerrechte ausgeschieden und verbannt".*)

Einen Augenblick schien es als sollte es der abtrünnigen Partei gelingen ihr thronräuberisches Unterfangen von Erfolg gekrönt zu sehen, zum eigenen Verderb des ungarischen Landes und Volkes! Denn, so lautete damals der Kassandra-Ruf des großen ungarischen Patrioten Stephan Széchényi, „wenn es durch Ausbeutung der gegenwärtigen europäischen Verwicklungen gelänge Österreich zu schwächen, und Ungarn nach blutigen Schlachten unter britischen französischen oder moskovitischen Schutz käme, so wäre dies die Vernichtung des magyarischen Stammes. Die betreffende Macht würde im Kampfe für ihr eigenes Interesse das geringe Häuflein der Ungarn nur als Kanonenfutter benützen; unserer geographischen Lage nach würden wir in der Nachbarschaft von hundert Millionen Slaven und achtzig Millionen Teutschen erdrückt, vernichtet, absorbirt werden! . . ."

Zu Ungarns Glück und Heil hat sich die düstere Prophezeiung Széchényi's nicht erfüllt! Die „moskovitische Macht" hat ihre Kräfte

---

*) Siehe Anhang III S. 171 f.

nicht für, sondern gegen die Abtrennungsgelüste der Debrecziner Revolutions-Partei eingesetzt; die „blutigen Schlachten" auf Ungarns Gefilden, sie fielen nicht zu Gunsten der Aufständischen, sondern zu Gunsten des legitimen Rechtes der Dynastie aus. Die Empörung und alles was mit ihr zusammenhing stürzte in Schutt und Trümmer, und der Anfang und Ursprung von allem Übel, die s. g. Achtundvierziger Gesetze, kehrten in ihr voriges Nichts zurück!

* * *

Schluß: Die sogenannten Achtundvierziger Gesetze waren keine Gesetze im staatsrechtlichen Sinne, in der wahrhaften Bedeutung und Wirksamkeit dieses Wortes:

Ihr Ursprung war Revolution, also ein Zustand der von geschäftsmännischem Ernst, von Ruhe und Überlegung der gerade Gegensatz ist.

Sie sind niemals und in keiner Richtung nachträglich gutgeheißen, sanirt worden. Sie wurden vielmehr noch im selben Jahre ihres Entstehens desavouirt: a) von der Dynastie; b) von den nicht-magyarischen Bewohnern der ungarischen Länder; c) vom Wiener Reichstage als damaligem Vertretungskörper der nicht-ungarischen Königreiche und Länder.

Ihr Ausgang endlich war Abfall und Losreißung! Der 31. März 1848 zeugte den 14. April 1849; der Debrecziner Reichstagsbeschluß war die unerbittliche Consequenz der abgesonderten ungarischen Finanz-Verwaltung mit ihren Kossuth-Noten und des ungarischen Kriegs-Ministers mit seiner Honvéd-Armee!

1860.

Am 4. März des Jahres 1849 redete der Monarch, der sich den Sinnspruch „Viribus unitis" erkoren hatte, zum zweitenmal in feierlicher Weise Seine Völker an. Er warf einen Rückblick auf die erst freudigen und erwartungsvollen, dann aber stets trüber und verworrener sich gestaltenden, in blutigen Aufständen in mehreren Hauptstädten, in einer verheerenden Revolution in der östlichen Hälfte des Reiches ausartenden Ereignisse der letzten zwölf Monate, welche die von Ihm so sehnlichst gewünschte und, trotz allem was vorangegangen, noch immer zwischen Krone und Volksvertretung gehoffte Vereinbarung einer auf gedeihliche Grundlagen gebauten Verfassung in eine unabsehbare Ferne zu rücken schienen. „So betrübend sind die Wirkungen, nicht der Freiheit, aber des mit ihr getriebenen Misbrauchs! Diesem Misbrauche zu steuern, die Revolution zu schließen, ist Unsere Pflicht und Unser Wille". Vom Antritt Seiner Regierung habe es Ihm als Ziel vorgeschwebt, „alle Lande und Stämme der Monarchie zu einem großen Staatskörper zu vereinigen", die „Wiedergeburt der Gesammt-Monarchie" zum Heile des Ganzen und aller Bestandtheile desselben anzubahnen. „Eine Verfassung welche nicht blos die in Kremsier vertretenen Länder, sondern das ganze Reich im Gesammtverbande umschließen soll, ist es was die Völker Österreichs mit gerechter Ungeduld von Uns erwarten". In diesem Sinn und Geist gab der Monarch „aus freier Bewegung und eigener kaiserlicher Macht" die Charte vom 4. März 1849, „die Verfassungs-Urkunde für das einige und untheilbare Kaiserthum Österreich".

Sie ist nie ins Leben getreten, sie ist mit den Ordonanzen vom 31. December 1851 zurückgenommen worden, und es ist damit, so weit menschliche Voraussicht reicht, wahrscheinlich für immer die Gelegenheit verloren gegangen, den großartigen Gedanken zu vollführen der das Haupt des jugendlichen Monarchen hob als er die Kronen so vieler, so schöner und so reicher Länder aus den Händen Seines regierungsmüden kaiserlichen Ohms übernahm. Und weil es nutzlos und thöricht ist sich den Geist von Dingen trüben zu lassen die nicht zu ändern, sich in Möglichkeiten zu versenken die nicht mehr zu verwirklichen sind, so sei hiermit das letzte Wort darüber gesprochen!

Dennoch ist die kaiserliche That des 4. März 1849 nicht ohne bedeutsame Folgen geblieben, und dies gerade in jenen Theilen unserer Monarchie, in welchen eine zu ephemerer Herrschaft gelangte Partei auf das der octrohirten Charte gerade entgegengesetzte Ziel losgesteuert hatte; denn der Ausgang der ungarischen sogenannten Achtundvierziger Gesetze war Abfall und Losreißung, der Grundgedanke der Gesammtverfassung von 1849 war Einheit und Einigung.

Einheit und Einigung, keineswegs Einerleiheit und Nivellirung! „Die Verfassung des Königreichs Ungarn" sollte „in so weit aufrecht erhalten" werden, „daß die Bestimmungen welche mit dieser Reichsverfassung nicht im Einklang stehen, außer Wirksamkeit treten" (§. 71). Der „Woiwodschaft Serbien" wurden „solche Einrichtungen zugesichert welche sich zur Wahrung ihrer Kirchengemeinschaft und Nationalität auf ältere Freiheitsbriefe und kaiserliche Erklärungen der neuesten Zeit stützen" (§. 72). Den „Königreichen Kroatien und Slavonien mit Einschluß des dazu gehörigen Küstenlandes, dann der Stadt Fiume und dem dazu gehörigen Gebiete" wurde der Anschluß des Königreichs Dalmatien, wie solcher mit Allerhöchstem Handschreiben vom 2. December 1848 im Grundsatze bereits ausgesprochen war, neuerdings bekräftigt, und sollten „Abgeordnete aus Dalmatien" mit der Landes-Congregation von Kroatien und Slavonien „unter Vermittlung der Reichsgewalt" über die Bedingungen dieses Anschlußes in Verhandlung treten (§. 73). „Die innere Gestaltung und Verfassung des Großfürstenthums Siebenbürgen" endlich sollte „nach dem Grundsatze der völligen Unabhängigkeit von dem Königreiche Ungarn und der Gleichberechtigung aller das Land bewohnenden Nationen, im Einklang mit dieser Reichsverfassung durch ein neues Landes-Statut festgestellt werden" (§. 74). Der Schlußabsatz der ganzen Verfassungs-Urkunde, §. 123, setzte die Bedingungen fest, unter denen „Änderungen dieser Reichsverfassung" sollten vorgenommen werden können.

Wie verhielt sich dieser Lösung der Verfassungsfrage gegenüber, nach bewältigter Revolution und wiederhergestellter Gesetzlichkeit im Lande, die öffentliche Meinung desselben?

*   *   *

Das Ziel welches nach Beendigung der Wirren von 1848/9 den ungarischen Patrioten, natürlich abgesehen von den Revolutionairen vom Fach, vorschwebte war: **Verfassungsmäßiges Leben im innigen Verbande mit den übrigen österreichischen Ländern.**

Man eiferte gegen das Wiener Regiment, gegen die Bureautratie und die Überfluthung mit nicht dem Lande angehörigen Beamten, gegen die Loslösung der Wojwodina, gegen die Vorenthaltung der landtäglichen Verfassung u. s. w.; aber alles das nur, ohne an dem selbstverständlichen Verbande Ungarns mit den übrigen Theilen der

Monarchie im geringsten zu rütteln. Der Grundsatz der Einheit und Untheilbarkeit des österreichischen Staates, das große Losungswort des jugendlichen Kaisers, der Grundstein und Eckpfeiler der Charte vom 4. März 1849 galt als unbestrittener Ausgangspunkt aller zu stellenden Forderungen. Ein Tatraer Correspondent des „Lloyd" bezeichnete 1850 die Wünsche, von deren Erfüllung die „Unionisten" ihre Mithilfe zur Verwirklichung einer dauernden Einigung auf Grundlage der Verfassung vom 4. März abhängig machten. Schon im April 1850, also nach kaum bewältigter Empörung, trat eine Anzahl von vierundzwanzig ungarischen Herren mit einer Denkschrift in demselben Sinne hervor. Darin war die bezeichnende Stelle zu lesen: „Der allgemeine Wunsch des Landes auf die Feststellung seiner zukünftigen Verhältnisse Einfluß zu nehmen, entspringt durchaus nicht der Absicht Rückschritte auf dem Gebiete zeitgemäßer Reformen zu machen, der **constitutionellen Gestaltung des Gesammtreiches** Hindernisse in den Weg zu legen, oder für Ungarn Rechte und constitutionelle Formen zu beanspruchen, welche entweder dem Gesammtleben der Monarchie Gefahr drohen, oder der künftigen Ausübung der höchsten Gewalt abträglich sein würden". Der Inhalt dieser Denkschrift fand keineswegs blos bei den Parteigenossen der Unterzeichner derselben Anklang. Selbst „die ehemaligen Reformer im Lande, die es nun freilich mit Schaudern erfahren haben wie sie sich in ihrer Ultra-Magyaromanie so gänzlich überstürzten, radicale Männer eines ungarischen Fortschrittes der im Sturmlauf sein Ende finden mußte, selbst diese freuten sich, als ihnen der Ausdruck so tief gefühlter patriotischer Wünsche zu Ohren kam."*)

In gleichem Sinne wie die vierundzwanzig Herren äußerten sich auch die hervorragendsten Publicisten jener Tage. Paul v. Somsich

---

*) Rückblicke auf die Denkschrift der ungarischen Conservativen, Leipzig 1851, K. Fr. Köhler, S. 6.

versuchte Anfangs 1850 im „Figyelmezö" die Regierung über die historischen Ansprüche Ungarns aufzuklären und die Art, wie sie mit der Verfassung vom 4. März vereinbar wären, zu erläutern, und in seiner Schrift: „Das legitime Recht Ungarns und seines Königs" (Wien, Jasper Hügel und Manz) S. 149, faßte er den Kern seiner Wünsche in die Worte zusammen: „Österreich, das gesammte große Österreich, achte, schütze und garantire die Selbständigkeit Ungarns; um diesen Preis wird Ungarn, nach der festgesetzten Erbfolge mit der Gesammt-Monarchie ohnehin unzertrennlich verbunden, auch im Interesse vereint sein".

„Eine Stimme aus Ungarn" im „Lloyd" vom 16. und 17. October 1850 wandte sich gegen jene, „die, wie manche Börsenmänner à la baisse, in ihrer Politik auf den Untergang der jungen Einheit Österreichs speculiren. Der Ungar kann sein Vaterland zu einem zweiten Polen machen; er kann aber auch die einheitliche Monarchie, das neue vereinigte Österreich zu einer Weltmacht, sich selbst zum Schutz und Hort, zur festesten Vormauer, zum Tragpfeiler des neuen Österreich machen". So, versichert jene Stimme, dächten alle jene, „die es seit jeher, und jetzt mehr als früher fühlen, daß es ohne Ungarn kein Österreich, außer Österreich kein Ungarn gibt".

Im Jahre 1850 erschien die Schrift: „Über die Gleichberechtigung der Nationalitäten in Österreich" (Pest, Hartleben), die im Jahre 1851 eine zweite Auflage erlebte, zu welcher sich der Verfasser Joseph Freiherr v. Eötvös bekannte. Alle seine Ausführungen waren nur gegen die Bedenklichkeit der Annahme jenes Princips der Gleichberechtigung und keineswegs gegen „das constitutionelle Österreich, wie dasselbe nach der Verfassung vom 4. März bestehen soll" (S. 54) gerichtet; im Gegentheil, er sagte ausdrücklich, es seien nur „einzelne Punkte der Verfassung vom 4. März" in Bezug auf welche „dieselbe seiner Ansicht nach Veränderungen erleiden sollte" (S. 132), und er erblickte als „die Aufgabe welche in der österreichischen Monarchie gelöst werden muß": „die Begründung eines starken einheitlichen Staates" und „die Vermittlung der nationellen, auf historisches Recht begründeten Ansprüche der einzelnen Theile der Monarchie mit den Bedürfnissen der Einheit" (S. 123 u. a. m.)

Sieben Jahre später, als man erfuhr der Kaiser werde eine Rundreise durch das Königreich machen, wurde vom Grafen Emil Dessewffy eine neue Denkschrift abgefaßt, die der Cardinal=Primas Scitovsky in die Hände des Monarchen überreichen sollte. Darin hieß es u. a.: „Es liegt in unserer Bitte nichts, was mit den Interessen Eurer Majestät und der Gesammt=Monarchie in Widerspruch wäre. Wir verlangen keine Vorrechte gegenüber den übrigen Völkern des Reichs, wir flehen nur um das was uns theuer ist, nicht um das was jenen schaden könnte. Bereitwilligst tragen wir mit den übrigen Unterthanen E. M. zu allem bei, was nothwendig ist um die Sicherheit der Gesammt=Monarchie zu erhalten, ihr Ansehen zu erhöhen und ihre Macht zu befestigen. Die Macht E. M. und die Kraft des Reiches ist unsere Sicherheit und in dem allgemeinen Wohle der Monarchie liegt unser Gedeihen. Die Einheit der Monarchie, erhabener Herr, ist die Errungenschaft von Jahrhunderten, sie ist das Ergebnis des Zusammenwirkens der natürlichen Kräfte des Reichs". Diese Petition trug 131 Unterschriften; sie würde, wenn ihr nur Zeit gegönnt gewesen wäre, viele Tausende gezählt haben, und man kann wohl sagen, daß alle Parteien und Schattirungen der Parteien im Lande, mit Ausnahme jener der Emigrés und der Revolutionaire vom Fach, dabei vertreten waren. Es fanden sich darunter die Namen der beiden ehemaligen Hofkanzler von Ungarn und Siebenbürgen, der drei Kirchenfürsten von Gran, Vesprim und Csanád; es fanden sich die Namen: Paul Sennyei, Béla

Wenkheim, Kálman Ghyczy, Gabriel Lónyay, Edmund Károlyi, Joseph
Eötvös 2c. 2c.*).

Dieser letztgenannte ungarische Patriot veröffentlichte etwa zwei
Jahre darauf eine eingehende Schrift über „die Garantien der Macht
und Einheit Österreichs" (Leipzig Brockhaus 1859), welche als die
reife Frucht zehnjährigen Beobachtens und Nachdenkens und wiederholten Meinungsaustausches mit gleichgesinnten Männern angesehen
werden muß. Freiherr v. Eötvös wies darin nach, daß „das Band
welches die verschiedenen Provinzen der Monarchie vor dem Jahre 1848
zusammenhielt" allerdings nur „das legitime Recht des Monarchen"
gewesen sei (S. 26); allein man würde sich sehr täuschen, wenn man
glaubte „daß ein Zeitraum von drei Jahrhunderten, während
welchen diese Länder dem Gesammtstaat angehören, spurlos
habe vorübergehen können und daß damals, als die Verbreitung
eines allgemeinen österreichischen Bewußtseins noch nicht von
Amtswegen betrieben wurde, dieses Bewußtsein gänzlich gefehlt habe"
(S. 39). Der Verfasser zeigte sich von der Überzeugung durchdrungen
„daß das Band der Personal-Union, daß jener Grad von Einheit,
welchen die Monarchie vor dem Jahre 1848 besaß, im gegenwärtigen Augenblick nicht mehr genüge" (S. 52 f.), wie
denn überhaupt „jene Verhältnisse, die vor dem Jahre 1848 in der
Monarchie bestanden, nicht wieder herzustellen sind. Es ist vor allem
der Mangel an Einheit der die Revolution erzeugt, der Mangel an
Einheit hat im Verlaufe derselben alle Hoffnungen vernichtet die
sich an dies große Ereignis knüpften, und das große unabweisbare
Bedürfnis Österreichs ist auch jetzt wie damals die Einheit
des Staates" (S. 35). Das schöne Capitel: „Die beste
Garantie der Einheit Österreichs ist eine Verfassung",

---

*) Den vollen Wortlaut sammt Unterschriften f. Anhang IV S. 172—181.

war der Führung des Beweises gewidmet, daß „von allen Mitteln, die man zur Begründung der Einheit Österreichs anführen kann, die Einführung einer constitutionellen Regierungs= form für den Gesammtstaat das zweckmäßigste" sei (S. 44), wenn man nämlich, wie er S. 53 erläuterte, „die Angelegenheiten, welche dem ganzen Staate gemeinsam sind, einer dem ganzen Staate gemeinsamen constitutionellen Gesetzgebung überträgt". Österreich bedürfe einer Verfassung durch welche alle einzelnen Theile des Staates, was ihre Beziehungen zur Gesammtheit betrifft, gleichgestellt werden; denn es „müßen auch die wärmsten Freunde provinzieller Autonomie zugeben daß eine Verfassung, durch welche einem Theile der Monarchie eine exceptionelle Stellung eingeräumt würde, nie als Mittel die Einheit des Staates zu begründen betrachtet werden könne" (S. 61). Darum dürfe nicht wieder jener Dualismus eingeführt werden, „welcher auch früher nur da= durch möglich war, weil das Streben nach constitutionellen Ein= richtungen in einem Theile der Monarchie noch nicht erwacht war und Ungarn die ihm durch die Verfassung gegebenen Rechte nur in sehr beschränktem Maße ausübte"; denn es lasse „sich füglich behaupten, daß in Hinsicht der auswärtigen Angelegenheiten, des Krieges, der Finanzen und des Handels Ungarn vor dem Jahre 1848 fast eben so absolut regiert wurde als die übrigen Provinzen" (S. 41 f.). Als ein erfolgreicher Versuch der Gesammt-Monarchie eine gemeinschaftliche constitutionelle Einrichtung zu geben, müße die Verfassung vom 4. März 1849 betrachtet werden; denn „so groß die Mängel derselben sein mögen", so werde jeder Unbefangene zugeben, „daß sie alles enthält was uns bei einer definitiven Organisation des Staates als Grund= lage dienen muß", und „daß diese Verfassung, mit der gehörigen Berücksichtigung der meisten bestehenden Rechtsverhältnisse gegeben, fast alle jene Grundsätze enthalte, welche den staatlichen Einrichtungen eines constitutionellen Österreich als Grundlage dienen müßen" (S. 203). Eötvös war weit davon entfernt die Mängel der Verfassung vom 4. März für unverbesserlich zu halten; er war vielmehr „überzeugt, daß denselben durch die Einführung der Verfassung sehr bald abgeholfen worden wäre" (S. 205). Sehr beherzigenswerth ist, was er S. 185 von der Gruppirung der Parteien bemerkte, wenn einmal „ein allgemeiner Reichstag besteht, dem alle den Gesammtstaat betreffenden Angelegenheiten übertragen sind".

Von der Achtundvierziger Zeit und deren „Gesetzen" war bei allen Schritten und Bemühungen, die von ungarischen Staatsmännern in dem Decennium von 1850 bis 1860 unternommen wurden, entweder gar nicht, oder nur mit Ausdrücken tief gefühlten Bedauerns über jene Tage der Verwirrung und des Umsturzes die Rede. So sehr es hart nach dem Abschlusse des blutigen Dramas ungarische Publicisten zu vermeiden suchten den wunden Punkt zu berühren, doch waren alle darüber einig daß die Achtundvierziger Ereignisse das Zeichen der Revolution an sich trugen und von einer gesetzlichen Giltigkeit der im Sturm der Ereignisse abgedrungenen Beschlüsse keine Rede sein könne. „Unter dem trügerischen Schein politischer Reformen", hieß es in der schon gedachten Denkschrift der Vierundzwanzig, „wurde die im Sinne der Verfassung mächtige Stellung der königlichen Gewalt verrückt. In der wohlmeinenden Absicht, der Entwicklung freien Spielraum zu gestatten, fand sich diese bestimmt, zur Gefährdung des Verbandes mit der Monarchie Zugeständnisse zu machen die schon im Augenblicke ihrer abgedrungenen Gewährung weit über die Bedürfnisse und wirklichen Wünsche der ungarischen Nation hinausgingen". Im April 1850 übernahm Emerich Freiherr v. Miske die Vertheidigung der ungarischen Conservativen gegen den ihnen gemachten Vorwurf, nichts wirksames gethan zu haben die Revolution aufzuhalten. „Diese Muthlosigkeit", entschuldigte er, „war kein vereinzeltes Factum in Ungarn, sie war eine allgemeine Erscheinung in Europa"; übrigens seien die Vorgänge in Wien am meisten daran Schuld gewesen daß die vereinzelten Stimmen unerschrockener Conservativen fruchtlos verhallten, und so sei es gekommen daß ein „Protest aus noch so achtbarem Munde gegen Kossuth und Consorten, wenn er auch bei dem herrschenden Terrorismus möglich gewesen wäre", den unheilvollen Gang der Ereignisse nicht hätte aufhalten können. Paul v. Somsich in seiner bereits citirten Schrift zeigt S. 16 f., wie die „ungarischen Wirren" aus derselben allgemeinen Quelle entsprungen sind, wie die in Paris und Neapel, in Berlin und Mailand, in München und Wien: Kossuth habe im März 1848 Forderungen ausgesprochen, an deren Formulirung er noch in der unmittelbaren Zeit zuvor selbst nicht gedacht (S. 18); die Wiener Ereignisse, die Rathlosigkeit der dortigen Regierung, die immer kühner hervortretenden Anmaßungen der Massen und ihrer Anführer in Wien, hätten endlich diese Forderungen bis zu einem eigenen Kriegs-Ministerium gesteigert (S. 19).

In der Adresse der Hunderteinunddreißig von 1857 hieß es: „Es hat das Land, es haben auch wir den Ruf der Zeit vernommen, wir hörten und hören auf die im Laufe der Geschichte an uns ergangenen Mahnungen. Das Land fühlt es, und wir fühlen es mit demselben, daß die Ereignisse von 1848/9 immer Trauerblätter in unserer Geschichte bleiben werden. Unsere Erinnerungen trüben unsere Einsicht nicht. Wir haben es begriffen, was die nothwendige Consequenz dieser Ereignisse ist". „Die Geschichte lehrt uns", sagte Baron Eötvös in seinen „Garantien der Macht und Einheit Österreichs", „daß eine vollkommene Umgestaltung aller Verhältnisse, wie man sie im Jahre 1848 angestrebt, niemals von Dauer sein kann" (S. 64); er betrachtet „die Revolution des Jahres 1848 als einen großen, aber doch nur als einen Schritt in der Entwicklung Österreichs" (S. 23), und er war „weit davon entfernt, an eine Verwirklichung all desjenigen zu glauben was man im Jahre 1848 angestrebt" (S. 9).

* * *

Solches war die Stimmung der Gemüther, solches war, im Gegensatze zu den Tendenzen jener Partei der Unverbesserlichen und Unversöhnlichen für die es zu allen Zeiten keine Lehre der Geschichte, kein Klugwerden durch Erfahrung gegeben hat, der Widerschein dessen was man, um einen Ausdruck Schmerling's zu gebrauchen, die berechtigte öffentliche Meinung Ungarns nennen konnte. Leider wurde sie zur rechten Zeit nicht gehört. Die Denkschrift der hunderteinunddreißig Patrioten erfuhr schroffe Abweisung. Es bedurfte des unglücklichen Ausgangs des Feldzugs von 1859, um den ersehnten Umschwung herbeizuführen. Jetzt erfolgte das Allerhöchste Manifest vom 15. Juli 1859, der Zusammentritt des verstärkten Reichsrathes, das kaiserliche Manifest und Diplom vom 20. October 1860.

Die maßgebenden Hauptgedanken dieser, einen Abschnitt in unserer vaterländischen Verfassungsgeschichte bildenden „als ein beständiges und unwiderrufliches Staatsgrundgesetz zu Unserer eigenen, so auch zur Richtschnur Unserer gesetzlichen Nachkommen in der Regierung" beschloßenen und verordneten Staatsacte sind folgende:

1. Die „Sicherung Feststellung und Vertretung des staatsrechtlichen Verbandes der Gesammt-Monarchie" (Manif. v. 20. Oct.), die „Untheilbarkeit und Unzertrennlichkeit ihrer verschiedenen Bestandtheile" (Diplom 2. al.)

2. Die gemeinsame und einheitliche Behandlung der für das ganze Reich gleichmäßig wichtigen und bedeutungsvollen „höchsten Staatsaufgaben", welche gemeinsame und einheitliche Behandlung allein, wie „die Concentrirung der Staatsgewalt in allen

Ländern des europäischen Festlandes" beweist, die „Machtstellung der österreichischen Monarchie" zu wahren und den „Anforderungen ihres untheilbaren und unzertrennlichen kräftigen Bestandes" zu entsprechen geeignet, und die zugleich „für die Sicherheit der Monarchie und für die Wohlfahrt ihrer einzelnen Länder eine unabweisbare Nothwendigkeit" ist (Dipl. 3. u. 4. al.). Zu diesen gemeinsamen Reichsangelegenheiten gehören die auswärtigen Angelegenheiten, die Reichs-Finanzen, das Kriegswesen (Land und See), die Reichs-Polizei, Handel und Verkehr (Post, Telegraphen u. s. w.).

3. Der Bestand eines Gesammt-Reichsrathes von hundert, von und aus den Landtagen aller Königreiche und Länder „im Verhältnisse der Ausdehnung Bevölkerung und Besteuerung derselben" zu entsendenden Abgeordneten (Diplom I und Kaiserl. Handschreiben an den Grafen Rechberg), und die verfassungsmäßige Einflußnahme dieses Gesammt-Reichsrathes auf jene „Gegenstände der Gesetzgebung, welche sich auf Rechte Pflichten und Interessen beziehen, die allen Königreichen und Ländern gemeinschaftlich sind" und im Absatze II des Diploms genauer bezeichnet werden.

4. Die Achtung der „Erinnerungen Rechtsanschauungen und Rechtsansprüche" der verschiedenen „Länder und Völker" der Monarchie (Manif. v. 20. Oct.), ihrer „Gerechtsame und Freiheiten" (Dipl. 2. al.), ihres „geschichtlichen Rechtsbewußtseins" (Dipl. 3. al.) und die demgemäße Behandlung aller nicht dem Wirkungskreise des Gesammt-Reichsrathes zufallenden Gegenstände der Gesetzgebung in den Landtagen der Königreiche und Länder (Dipl. III), „und zwar in den zur ungarischen Krone gehörigen Königreichen und Ländern im Sinne ihrer früheren Verfassungen", in den übrigen aber „im Sinne und in Gemäßheit ihrer Landesordnungen" (Dipl. III).

5. Die im engeren Kreise „gemeinsame Behandlung" solcher „Gegenstände der Gesetzgebung", in Betreff welcher „seit einer

langen Reihe von Jahren" in den nicht-ungarischen Ländern eine solche „gemeinsame Behandlung und Entscheidung stattgefunden hat" oder inwiefern eine solche „von dem betreffenden Landtage gewünscht und beantragt werden sollte" (Dipl. III).

Was die Länder der ungarischen Krone insbesondere betraf, so wurde „der althergebrachte Grundsatz des ungarischen Staatsrechtes daß die gesetzgebende Gewalt d. h. das Recht Gesetze zu geben abzuändern auszulegen oder aufzuheben, nur von dem gesetzlichen Landesfürsten in Gemeinschaft mit dem Landtage ausgeübt und außerhalb desselben nicht zur Geltung gebracht werden soll", neuerdings in's Leben gerufen, „mit alleiniger Ausnahme jener Gegenstände über deren Behandlung durch den Reichsrath" das Kaiserliche Diplom vom 20. December „die bezüglichen Bestimmungen enthält"; zugleich die Allerhöchste Absicht ausgesprochen, „die definitive Regelung der staatsrechtlichen Verhältnisse Meines Königreichs Ungarn je eher im Sinne des Gesetzes durch Erlassung eines Diploms und durch Meine Krönung zu besiegeln", für welchen Zweck der nächste ungarische Landtag nach den „durch den III. G. A. 1608 in Betreff der Form und Art seiner Zusammensetzung festgestellten Bestimmungen mit Berücksichtigung der, einzelnen Corporationen seither durch spätere Gesetze verliehenen speciellen Beschickungsrechte" mit thunlichster Beschleunigung einberufen werden sollte.

Bis dies geschehen sein würde, sollten

a) die Ungarische Hofkanzlei wiederhergestellt werden und der Ungarische Hofkanzler als Mitglied des Ministerrathes fungiren —

b) die Königliche Curie unter Vorsitz des Judex Curiä in Pest wieder zusammentreten, welche „vor allem die Fragen der Organisirung der ungarischen Justizpflege zu berathen und ihre Anträge im Wege der Ungarischen Hofkanzlei" Allerhöchsten Ortes „zu unterbreiten haben werde" —

c) eben so ein Tavernicus wieder ernannt werden, der, „in so lang kein Statthalter für Ungarn ernannt wird, das Präsidium der Statthalterei zu führen und die Leitung der ganzen politischen Administration zu übernehmen" habe —

d) die frühere ungarische Comitats-Verfassung wiederhergestellt, Ober-Gespäne ernannt und von den letzteren, bis „die definitive Coordinirung und Organisirung der Comitate" auf landtäglichem Wege festgestellt sein werde, „zur Behandlung der administrativen Geschäfte des Comitats Ausschüße aus den Angehörigen des Comitats" gebildet so wie Comitats-Magistrate eingesetzt werden —

e) „die ungarische Sprache als Geschäfts- und Amtssprache aller politischen und Gerichts-Behörden im inneren Dienst sowohl als im gegenseitigen Verkehre" wiederhergestellt werden, dergestalt jedoch „daß den städtischen wie den ländlichen Gemeinden die Wahl der Geschäftssprache ihrer Gemeinde-, Kirchen- und Schul-Angelegenheiten freistehen, daß es ferner jedermann unbenommen bleiben soll, in den Comitats-, städtischen und Gemeinde-Versammlungen sich jeder der im Lande üblichen Sprachen zu bedienen und in jeder derselben Eingaben oder Bittschriften an die Behörden einzureichen deren Erledigung in derselben Sprache zu geschehen haben wird; daß endlich die Justiz- und politischen Verwaltungs-Beamten jeder Art Verordnungen und Befehle, welche unmittelbar an die Gemeinden ergehen, in jener Sprache zu verfassen haben welche die Geschäftssprache ihrer Gemeinde-Angelegenheiten ist".

Dies der Inhalt der an den ernannten ungarischen Hofkanzler Baron von Vay erlassenen Kaiserlichen Handschreiben vom 20. October 1860.

An den Freiherrn von Šokčević erging der Allerhöchste Befehl, einen „Vorschlag der Zusammentretung der kroatisch-slavonischen Vertretung einzureichen, die mit möglichster Beschleunigung zusammenzutreten und namentlich über die Frage der Verhältnisse dieser Länder zum Königreich Ungarn die Wünsche und Ansichten dieser Königreiche auszusprechen haben wird". Gleichzeitig wurde als vorläufige Maßregel angeordnet daß in dem im kaiserl. Staats-Ministerium „bestehenden kroatisch-slavonischen Departement Angehörige dieser Länder verwendet werden", woraus einige Zeit später „das kroatisch-slavonische Hof-Dicasterium" und dann die kroatisch-slavonische Hofkanzlei mit Jan Mazuranić an der Spitze wurde.

Eben so bekam Siebenbürgen seinen Hofkanzler, dessen erste Aufgabe es sein sollte in einer „mit Männern der verschiedenen Nationalitäten Confessionen und Stände" einzuleitenden Berathung „die Fragen der Feststellung und Organisirung einer eben so den Ansprüchen der früher berechtigten Confessionen Nationen und Stände, wie den Anforderungen der früher an den politischen Berechtigungen nicht theilhabenden Nationalitäten Confessionen und Classen angemessenen Vertretung des Landes zu erwägen" und die diesbezüglichen Anträge Allerhöchsten Ortes zu unterbreiten (A. h. Handschreiben an den Minister-Präsidenten Grafen von Rechberg).

Bezüglich der serbischen Woiwodschaft und des Temeser Banats endlich, wo die „Wünsche und staatsrechtlichen Ansprüche" Ungarns in Betreff der Wieder-Einverleibung dieser Gebiete mit den „Wünschen und Ansprüchen" der „seit altersher mit Privilegien und Exemtionen" begnadigten Serben einander gegenüberstanden, ernannten Se. Majestät einen Commissar in der Person des FML. Grafen Alexander Mensdorff-Pouilly „der nach Anhörung hervorragender Persönlichkeiten aller Nationalitäten und Confessionen seinen Bericht je eher zu erstatten und den Vorschlag einer allseits befriedigenden Regelung zu unterbreiten" haben werde (A. h. Handschreiben an den Grafen Rechberg).

* * *

Ungarn konnte zufrieden sein!

Was seine wärmsten einsichtsvollsten Patrioten in den Jahren der Ruhe und Besonnenheit, die auf eine Epoche wild dahin stürmender Leidenschaft gefolgt waren, mit ernster Überlegung als die staatsrechtlichen Wünsche und Bedürfnisse ihres Landes hingestellt hatten, es war durch Kaiserliche Gewährung nicht etwa erreicht, es war bei weitem überboten. Der innige Verband mit den gleicher verfassungsmäßiger Rechte und Freiheiten theilhaftig gewordenen andern Königreichen und Ländern sollte in einem allgemeinen Reichsrathe Erscheinung und Ausdruck finden, dem in Betreff der Allen gemeinsamen Angelegenheiten das verfassungsmäßige Recht der Mitwirkung an der Gesetzgebung zuerkannt wurde. Aber diese gemeinsamen Angelegenheiten, diese „Rechte Pflichten und Interessen die allen Königreichen und Ländern gemeinschaftlich sind", sie waren auf das unerläßliche Maß eingeschränkt: Münz-, Geld- und Creditwesen so wie die Grundsätze des Zettelbankwesens, Zölle und Handelssachen, Post-, Telegraphen- und Eisenbahnwesen, Art und Weise so wie Ordnung der Militär-Pflichtigkeit, Staatsschuld und Staatseigenthum, Staatsvoranschlag und Staatsrechnungsabschlüße. Die auswärtigen Angelegenheiten, das Recht über Krieg und Frieden, der oberste Heeresbefehl blieben selbstverständlich, wie seit viertehalbhundert Jahren, in der einen Hand des Monarchen.

Daneben war aber Ungarn seine beanspruchte Sonderstellung, die Eigenberechtigung und Selbstverwaltung in allen innern Landesangelegenheiten in vollstem Maße gewährleistet; eine oberste Verwaltungsbehörde am Sitze des Monarchen, die oberste Justiz-Behörde in der Landeshauptstadt, der regelmäßige Zusammentritt des Landtages wie von altersher, waren wieder hergestellt; die Ordnung des Verhältnisses der partes annexae war gewissenhafter Berathung seitens der betroffenen Länder und ordnungsgemäßer landtäglicher Verhandlung vorbehalten, deren Ergebnisse der Allerhöchsten Schlußfassung unterbreitet werden sollten.

Selbst die sogenannten Achtundvierziger Gesetze, so unlauter ihr Ursprung, so hinfällig ihre Rechtsbeständigkeit war, blieben nicht vergessen. Was von den Bestimmungen derselben inhaltlich brauchbar und den fortgeschrittenen Zeitverhältnissen entsprechend erschien, wie die „Aufhebung der Privilegial-Stellung des Adels, Einführung der Amter- und Besitzfähigkeit für alle Classen ohne Unterschied der Geburt, Beseitigung der bäuerlichen Frohnen und Leistungen, Einführung der allgemeinen Wehrpflicht", Theilnahme der „in früherer Zeit nicht wahlberechtigten Classen" der Bevölkerung an den Landtagswahlen, sollte aufrecht bleiben und wurden „die diesen Classen durch die Gesetz-Artikel 8, 9, 10 und 13 des Landtags 1847/8 zugesprochenen Rechte" neuerdings anerkannt und bestätigt. Allein das Kaiserliche Handschreiben an den Grafen Rechberg, das sich über diesen Punkt aussprach, ging noch weiter. „Auch die übrigen an diesen Landtag gebrachten Gesetze", die mit dem Kaiserlichen Diplom und den damit ergangenen Handschreiben in Widerspruch standen, wurden zwar nicht bestätigt oder vielmehr zur Rechtskraft erhoben, und das konnten sie nicht werden; aber es erging der Allerhöchste Befehl, die „Revision und Aufhebung" derselben auf landtäglichem Wege vorzunehmen.

Ob es klug und besonnen war letzteres dem Monarchen zu rathen, mochte schon damals bezweifelt werden; den Rath aber sich gefallen zu lassen und darnach zu handeln, war von Seiner Seite ohne Frage hochherzig in vollendetstem Maße.

1867.

Mit dem Erlassen des Manifestes, des Diploms und der Cabinets-Schreiben vom 20. October 1860 war der überwiegende Vortheil und Nutzen von vornherein in die Hände Ungarns, und namentlich des magyarischen Elementes daselbst überliefert.

Nicht etwa durch das positive was in dem Inhalte dieser Staatsacten bezüglich der Sonderstellung der St. Stephanskrone ausgesprochen war, obgleich dies, wie niemand anstehen wird zuzugeben, groß und bedeutend genug war.

Sondern vielmehr durch das was darin positiv leider nicht ausgesprochen, sondern fernerer Vereinbarung vorbehalten war; denn von jetzt an lag die Sache so, wie sie zwischen zwei Männern liegt von denen der eine weiß was wohin und wie weit er will, und der andere es nicht weiß, weil er in seinen Anschauungen nicht klar und in seinen Empfindungen getheilt ist. Allerdings gab es auch im Umfange der ungarischen Krone bei weitem nicht ein Streben und eine Meinung: im Gegentheil muß gesagt werden daß alle nicht-magyarischen Elemente im Lande demjenigen widerstrebten wornach das magyarische zielte, und jene sind bekanntlich der Gesammtziffer nach die Mehrzahl. Allein was wollte das sagen? Mit Ausnahme des kroato-slavonischen Antheils der in der That dem Wesen nach seinen Willen durchzusetzen mußte, waren sie, gerade so wie die verschiedenen Parteien und Elemente in der nicht-ungarischen Reichshälfte, zerrissen, vereinzelt, uneins, und keines derselben, geschweige denn alle zusammen, hatten ein Organ wo sie ihren Willen zum Ausdruck und zur Geltung zu bringen vermochten. Die Slovaken im Nordwesten waren nie unter sich klar und kräftig genug; die Ruthenen im Nordosten haben als politischer Factor nie gezählt; den durch viererlei Kronlandsgränzen geschiedenen Romanen gebrach es an irgend einem verbindenden Mittelpunkt; die kraftvollen Sachsen in Siebenbürgen hielt die ungarisch-szeklerische Mehrheit, die Serben in der Woiwodschaft alles was nicht-serbisch war, hemmend umfangen. Und ihnen allen gegenüber stand der Magyar, selbstbewußt in seiner Herrsucht, einig und ungetheilt, eine compacte Phalanx: er mußte siegen! Es war der eine Horatier der es stehenden Fußes mit den einzeln herankommenden fast athemlosen Curiatiern wohl aufnehmen konnte.

Mit andern Worten: Der Vortheil der durch das October-Diplom dem magyarischen Elemente in die Hände gespielt wurde, lag darin daß der darin niedergelegte große Gedanke nicht zugleich als vollendete, wenn gleich veränderungs- und verbesserungsfähige That ins Leben getreten war. Als im Jahre 1859 vom damaligen Cultus-Ministerium das s. g. Protestanten-Gesetz hinausgegeben und den verschiedenen Superintendenturen bekannt gemacht wurde, trat in einer der bezüglichen Conferenzen, wenn wir nicht irren in der Pressburger, ein Mitglied auf und meinte: „er würde sich wohl dies und jenes etwas anders gewünscht haben; aber im Ganzen müße man es sich sehr gefallen lassen und, da es einmal Gesetz sei, dankbar hinnehmen". „Aber Herr", machte ihm ein College bemerklich, „es ist ja noch nicht Gesetz, es ist uns zur Berathung und freien Meinungsäußerung übergeben!" „Ah, wenn's so ist, dann protestiren!" In ähnlicher Weise geschah es mit dem October-Diplom. Einer Verfassung vom 4. März 1849 gegenüber, die jedem Theil gleich sein gebührendes Maß zuwog und kategorisch sagte: das nimm und damit sei zufrieden, würde der Magyar sich gefügt haben: einem in allgemeinen Umrissen und mit Anweisungen auf die Zukunft hingestellten Entwurfe gegenüber kannten seine Forderungen eben so wenig Gränzen, als seine Eitelkeit Ziel und Maß. „Überhaupt es gibt sehr wenig vernünftige Menschen", hatte schon vor Jahren „der große Ungar" von seinen Landsleuten gesagt, „sie bleiben stehen oder laufen weg; gleichen Schrittes mit dem Jahrhundert, dem Zeitgeist, den Umständen gehen sehr wenig. In Ungarn überhaupt ist alles Verbessern verloren, und nur der findet Proselyten der die Gegend von Ráb-Udvar hübscher findet als die von Neapel, Bakator besser als Madeira".

Dazu kam ein anderer Umstand. Am Frieden von Villafranca und dem großen politischen Umschwung im Innern der unmittelbar darauf folgte, hatten bekanntlich jene Besorgnisse einen großen Antheil zu denen allerhand Wahrnehmungen sowohl bei den ungarischen Regimentern als an verschiedenen Orten Ungarns Anlaß gegeben hatten. Das wußte man im Lande sehr wohl und verstand es den gewonnenen Hebel nicht aus der Hand zu lassen. Die Kundgebungen vom 20. October hatten für's erste an dem vorgefundenen Stande der Dinge festgehalten, und Änderungen sollten nur nach vorausgegangener Einvernehmung maßgebender Persönlichkeiten in den verschiedenen Landestheilen, im Wege landtäglicher Verhandlung und Allerhöchster Schlußfassung vorgenommen werden. Doch da wurde gesagt: Die öffentliche Meinung im Lande wird nicht zur Ruhe kommen so lang nicht die von mehr als dreihundert Jahren her einen Zankapfel zwischen Ungarn und Siebenbürgen bildenden Gebiete von Kraszna, Zaránd, Mittel-Szolnok und Kövár Ungarn wieder zugetheilt sind — und sie wurden Ungarn wieder zugetheilt! Und wieder hieß es: Die Aufregung in Ungarn wird sich nicht legen, bevor Stadt und Gebiet von Fiume von Kroatien wieder herausgegeben worden — und alle Mittel der Agitation wurden in Bewegung gesetzt um die thatsächliche Losreißung des kroatischen Küstenlandes von Agram herbeizuführen! Der an Fiume ergangenen Aufforderung in den kroatischen Landtag zu wählen antworteten Pöbelaufläufe und lärmende Demonstrationen, und als wiederholt eine Vornahme der Wahl versucht wurde, war es Herr „Nessuno" der die meisten Stimmen davontrug. Dann hörte man weiter: Der Bestand der serbischen Woiwodschaft ist ein brennender Pfahl im Fleische Ungarns — und noch vor Jahresschluß, 29. December 1860, wurde die Wiedereinverleibung „auf Grund der staatsrechtlichen Ansprüche Ungarns auf diese Gebietstheile" verfügt! Die Woiwodschaft Serbien, in den Jahren 1848 und 1849 mit Blut erkauft, ein Denkmal und ein Unterpfand opferwilliger ausdauernder Reichstreue, war aus der Reihe politischer Existenzen gestrichen. Selbst damit war noch nicht genug gethan, die öffentliche Meinung in Ungarn war noch immer nicht beruhigt: „der jenseits des Királyhágó befindliche Theil" des Landes, Siebenbürgen, „unter der freien und feierlichen Übereinstimmung sämmtlicher Factoren der Gesetzgebung vor zwölf Jahren mit Ungarn unirt", stand noch abseits! Allein diese neue Zumuthung war den Herren in Wien denn doch zu stark: man glaubte dem erhitzten Ungarn der Beruhigungsmittel genug eingegeben zu haben und wagte zum erstenmal ein schüchternes Nein...

* * *

Mit der vorgeschützten Unruhe und Aufgeregtheit in Ungarn hatte es übrigens seine volle Richtigkeit. Schon im Herbst 1859, nach dem ersten Bekanntwerden vom unglücklichen Ausgange des Feldzuges, hatte an verschiedenen Punkten des Landes ein kleiner Krieg gegen das „Schwabenthum", gegen „deutsche" Beamte, gegen Organe der kaiserlichen Regierung begonnen, und war, gleichsam als Gegenstück, die hundertjährige Erinnerungsfeier des nationalen Dichters Kazinczy Ferencz in Pest mit bedeutungsvollen Kundgebungen begangen worden. Feierliche Huldigungen hier, ärgernißerregende Misfallsbezeigungen dort, Theater-Scandale, Studenten-Demonstrationen enthüllten einen allmälig um sich greifenden aufrührerischen Geist, den die kaiserlichen Gewährungen vom 20. October, statt zu sänftigen, nur noch gereizt und angespornt hatten. Die öffentliche Meinung verlangte mehr und immer mehr, verlangte zuletzt alles was „die Achtundvierziger Gesetze" dem Lande zugetheilt. Die bedenkliche Hinweisung auf diese letztern in dem Kaiserlichen Handschreiben an Baron Vay führte selbst Solche auf Abwege die von jenen s. g. Gesetzen bisher stets als von einer traurigen Verirrung, als von einem Wahnbilde ohne Kern und Wahrheit, einem Erzeugnisse wilder politischer Leidenschaft gesprochen hatten. Nicht auf diese ihre bessere Überzeugung, nicht auf den Ruf ihres Monarchen, sondern auf das von der losgelassenen Meute des Landes hingeworfene Losungswort horchend, legten von den neuberufenen Ober-Gespanen die meisten nicht den alten sondern den Achtundvierziger Eid ab, oder unterließen gar, unter Berufung daß solches schon 1848 geschehen sei, jede Eidesleistung. Am 28. November erklärte Graf Johann Cziráky, einer der Unterzeichner der Petition vom Mai 1857, in der Comitats-Conferenz von Stuhlweißenburg: „die durch den gekrönten König sanctionirten Gesetze von 1848 seien die einzige Grundlage, auf welcher er das Comitat auf seinen rechtmäßigen und constitutionellen Boden zurückführen könne". Am 29. sprach Graf Stephan Károlyi in Pest, einer der Unterzeichner der Petition vom Mai 1857, seinen Entschluß aus, „die seit 1848 durch Tod oder andere Gründe verringerte Comitats-Commission in ihren fehlenden Mitgliedern zu ergänzen", und eröffnete am 10. December die Comitats-Congregation mit den Worten: „Ich nehme auf's neue jenen Platz ein auf dem ich vor Beginn dieser zwölf traurigen Jahre thätig gewesen". Um dieselbe Zeit berief der Cardinal-Primas Scitovsky, an der Spitze der Unterzeichner der Petition vom Mai 1857, als Ober-Gespan von Gran Adel und Gemeindeabgeordnete „behufs der im Sinne des Artikels XVI 1847/8 vorzunehmenden Ergänzung der permanenten Comitats-Commission".

Der Anstoß war gegeben und nun ging es unaufhaltsam weiter. Schon waren in den meisten Comitaten die Beamten ohne Rücksicht auf Kenntnisse und Befähigung, sondern nur nach dem Prüfstein ihrer Partei-Antecedentien gewählt, der Berathungssaal der Comitats-Commissionen stand ungehindertem Zudrang offen, und mit geschwellten Segeln steuerte man, im Hochgefühle der wiedergewonnenen und vollauf zu genießenden Ungebundenheit, auf den Umsturz alles seither Bestandenen, auf die Inaugurirung einer neuen Revolution los. Die kaiserlichen Adler an öffentlichen Gebäuden wurden herabgerissen, Angriffe gegen k. k. Tabak-Trafiken, gegen Organe der kaiserlichen Finanz-Verwaltung, Katzenmusiken und blutige Schlägereien waren an der Tagesordnung; Proscriptionslisten im letzten Decennium angestellter kaiserlicher Beamten liefen umher; schon ertönten an vielen Orten Hochrufe auf Kossuth, auf Garibaldi, wurden Erinnerungsfeier und Traueranbachten für dahingeschiedene Honvéd-Officiere begangen u. dgl. Die Beschlüsse der Municipien schienen einander an Überschwänglichkeit der Ansichten, an Maßlosigkeit der Forderungen überbieten zu wollen. Das Heveser Comitat faßte unter seinem Erb-Obergespan Erzbischof Bartakovics von Erlau, bis dahin einem geschmeidig unterthänigen Günstling des Hofes, den Beschluß, einzig und allein nach den Achtundvierziger Gesetzen zu handeln; alle in seinem Umfange bisher fungirenden Ämter hätten sogleich aufzuhören, alle bisherigen Gemeindevorstände sollten entlassen und durch neue ersetzt werden; die eben gewählten verfassungsmäßigen Beamten hätten blos der Comitats-Commission zu gehorchen 2c.

In einer vom Vice-Gespan Paul Nyáry an Baron Vay gerichteten Vorstellung legte am 11. December das Pester Comitat gegen die Errichtung der ungarischen Hofkanzlei und der königlichen Statthalterei Verwahrung ein, da die Achtundvierziger Gesetze nur ein verantwortliches Ministerium kennten; „bis zur Verfügung des in dieser Hinsicht allein berufenen Landtages" sei jede Truppenaushebung, jede Eintreibung von Steuern und „den ungarischen Gesetzen fremden Taxen" einzustellen, seien alle „auf Grundlage des inzwischen octroyirten Erbschaftsgesetzes und anderer gleichartiger Gesetze" eingeleiteten Rechtsverhandlungen abzubrechen.

Die behufs Festsetzung des Vorganges bei den bevorstehenden Landtagswahlen einberufene Graner Conferenz trat zusammen. Der Fürst-Primas eröffnete sie am 18. December mit Einlenkung auf die Achtundvierziger Gesetze. „Auf diese Spur", sagte dieser Kirchenfürst, „führt uns Se. Majestät selbst, indem Er mehrere Punkte derselben schon in vorhinein als bindend und unverletzlich anerkennt, während Er andere Punkte auf dem nächsten Landtage einer neuen Prüfung unterzogen zu sehen wünscht; es scheint daher über jeden Streit erhaben, daß die geschichtliche Rechtsgrundlage auf dem Boden der Gesetzgebung von 1847/8 zu suchen ist". Baron Béla Wenkheim, einer der Unterzeichner der Petition vom Mai 1857, erklärte: „Ich gebe meine volle individuelle Überzeugung dahin kund, daß bei der Einberufung des nächsten Landtages in Betreff der Organisationsart die strenge Einhaltung der Gesetz-Artikel IV und V von 1848 die allein zum Ziel führende Art ist; denn de jure bestehen diese Gesetze noch immer aufrecht und wir dürfen zu ihrer außerhalb des Landtages vorzunehmenden Umänderung auch nur mit einem Rathe nicht beitragen". Der einstimmige Beschluß ging dann, nach der Fassung des Primas, dahin: „Se. Majestät zu bitten, daß die Vertreter zum nächsten Landtage nach dem Gesetzartikel V 1848 gewählt werden". Am 27. December darauf richtete die Pester Stadt-Repräsentanz an Se. Majestät eine Adresse mit der Bitte: "unter der vollen Herrschaft der Gesetze von 1848 den Landtag je eher nach Pest zu berufen und, in allem auf dem durch die Gesetze vom Jahre 1848 vorgezeichneten Pfade vorwärts schreitend, Ungarn in den Genuß dieser seiner einzig gesetzlichen Verfassung zurückzuversetzen".

Inzwischen nahmen die Dinge im Lande eine stets bedrohlichere Gestalt an. Unter den Namen, die von einzelnen Comitaten in ihre Beamtenkörper berufen wurden, figurirten auswärtige Monarchen denen man Begünstigung einer gewaltsamen Erhebung zutraute, Freiheitshelden und Flüchtlinge aller Länder, ungarische Revolutionaire welche, dem Arm der strafenden Gerechtigkeit entronnen, in der Fremde weilten. An manchen Orten ging man damit um, Nationalgarden zu errichten und zu bewaffnen. Die Steuerverweigerung war im ärgsten Schwung. Comitats-Behörden weigerten sich die die Steueraufheilung betreffenden Listen herauszugeben, wiegelten durch gedruckte Rundschreiben und persönliche Einwirkung ihrer Beamten zur Steuerverweigerung auf, instruirten die Vorsteher der Gemeinden in diesem Sinne und brandmarkten als Landesverräther, wer sich der Einforderung fügen würde, so daß selbst loyale Unterthanen das Ungemach und die Kosten der Militär-Execution über sich ergehen ließen, um nur dem Ärgeren zu entgehen das ihnen angedroht war wenn sie sich freiwillig zur Entrichtung ihrer Schuldigkeit herbeifänden. Als sich endlich der Monarch, dessen Langmuth auf eine so harte Probe gestellt wurde, am 16. Januar 1861 genöthigt sah, sein gerechtes Misfallen über solche Ausartungen kundzuthun und zugleich seinen festen Entschluß auszusprechen, "der Revolution, sie möge offen oder hinterlistig oder unter der Maske der Gesetzlichkeit auftreten, mit Seiner ganzen Macht entgegenzutreten", nahmen sich das Graner und Pester Comitat, die Pester Stadt-Repräsentanz und viele andere heraus, gegen den Inhalt des Allerhöchsten Rescriptes in eigenen an die Person

des Monarchen gerichteten Adressen aufzutreten, ehrenrührige und herab=
setzende Ausfälle gegen die früheren kaiserlichen Organe und Institute
einfließen zu lassen, die anarchischen Vorfälle im Lande hingegen in
Schutz zu nehmen und zu beschönigen.

Noch schien es zwar nicht so weit gekommen zu sein daß alle besonnene
Überlegung gewichen wäre, daß es nicht muthige Männer gegeben hätte
ihre Stimme gegen den wilden Taumel zu erheben. Am 17. Januar
sprach Franz Deák ernste Worte in der Pester Stadt=Repräsentanz;
„entweder die österreichischen Gesetze", sagte er, „oder die Anarchie",
und vertheidigte seinen Satz sechs Tage später in der Index=Curial=
Conferenz gegen Kálmán von Ghyczy und andre Unterzeichner
der Petition vom Mai 1857. Doch der allgemeine Wahnwitz riß
bald selbst die Besten mit sich fort. Die Pester Stadt=Repräsentanz
mußte zwar in ihrer Adresse vom 1. Februar zugeben, daß es „zweck=
mäßig" wäre, „die Achtundvierziger Gesetze neuerdings zu prüfen, sie
vielleicht in einigen Theilen abzuändern oder zu verbessern", allein
keinesfalls könne sie einem Zweifel an deren aufrechter Kraft Raum
geben, gleichsam als ob es nothwendig wäre sie auf dem künftigen
Landtage erst rechtmäßig zu Stande zu bringen; denn „sie wurden
verfassungsmäßig gegeben und sind bis zum heutigen Tage verfassungs=
mäßig nicht aufgehoben worden". „Ein Volk", rief der Verfasser der
Adresse aus, „welches sein Los, seine Lage, seine Verfassung, seine
Einrichtungen auf leichte Art wechselt, wechselt auch seinen Herrscher
leicht", und schien dabei ganz zu übersehen, daß er mit diesem Satze das
einschneidenste Verdict über die sogenannten Gesetze und die Ereignisse
von 1848/9 fällte, deren erstere binnen wenig Wochen Cardinalpuncte
der „tausendjährigen" Institutionen Ungarns über den Haufen ge=
worfen, und deren letztere in der That in einer thronräuberischen
Verläugnung des rechtmäßigen Herrschers gegipfelt hatten.

Die Zeit der Eröffnung des Landtages rückte heran. Anfangs April sollte die Erneuerung der Stadt-Repräsentanz von Pest stattfinden; aus der Wahlurne gingen u. A. die Namen Garibaldi mit 437, Kaiser Napoleon III. mit 213, König Victor Emanuel mit 183, Prinz Napoleon mit 92 Stimmen, Vincke, Cavour, Cialdini u. A. hervor. Man schien allen Ernst verloren zu haben, eine politische Farce aufführen zu wollen! So sehr hatte man sich in die Idee von der Alleingiltigkeit der s. g. Achtundvierziger Gesetze hineingelebt daß nicht einmal, was den Sitz des Landtages betraf, davon abgewichen werden durfte, und obgleich das königliche Einberufungsschreiben nach Ofen lautete, traf, ohne viel Worte darüber zu machen, die Stadt Pest Vorbereitungen für die Sitzungen der Magnaten und Abgeordneten in ihren Mauern, und selbst die Repräsentanz von Ofen ließ die Schwestergemeinde wissen daß sie — „ungeachtet dessen, daß die Abhaltung des Landtags in Ofen für unsere Commune vortheilhafter wäre" — ihre Abgeordneten „den Geboten des Gesetzes huldigend" nach Pest senden werde. Die ungarischen Herren in Wien erfanden das Auskunftsmittel, den Landtag in Ofen eröffnen, dann aber in Pest tagen zu lassen. Man hatte selbst in dieser Kleinigkeit nicht den Muth, entschieden zu gewähren oder entschieden zu versagen!

Am 6. April 1861 wurden die Sitzungen des Oberhauses vom Grafen Michael Eszterházy als Altersvorsitzendem eröffnet. Er gedachte in seiner Rede vor allem „des Grafen Ludwig Batthyányi, der unglücklicherweise gerade deshalb geopfert wurde weil er sein Vaterland liebte. Die Geschichte wird den Namen und das Andenken des Verklärten dem Vaterlande aufbewahren; die Überlieferung wird seine Verdienste der Nachwelt anheimgeben damit sich jedermann an seiner Vaterlandsliebe erbaue und aus ihr lerne, ähnlich allen Jenen unserer Landsleute die in der Vertheidigung unseres heiligen Vaterlandes entweder fielen oder als Martyrer litten". In der ersten engen Conferenz des Unterhauses beantragte Paul Nyáry: „Man solle eine Erklärung abgeben daß man sich in keine Verhandlungen einlassen werde, weil die Constitution, wie sie die Achtundvierziger Gesetze formulirt, nicht ins Leben gerufen, und weil Siebenbürgen Kroatien und Slavonien nicht mit zum Landtage einberufen worden; nach Abgabe dieser Erklärung solle der Landtag auseinandergehen". Der Antrag Nyáry's wurde das Losungswort der „Beschluß-Partei". So weit ging die „Adreß-Partei", die zuletzt die Oberhand gewann, in diesem Punkte wohl nicht; aber auch nur in diesem Punkte. Am 13. Mai trug Deák seinen Adreß-Entwurf vor. „Unsere Lage", sagte er, „ist außergewöhnlich. Wohl gab es auch vordem Fälle wo über wichtige Fragen des Staatsrechtes Fürst und Nation nicht einig waren, aber damals standen beide auf demselben Standpunkt, auf dem allgemein anerkannten Standpunkt der ungarischen Reichsverfassung; beide Theile beriefen sich auf dieselben Gesetze, denn nicht ihre Geltung, sondern nur ihr Sinn war in Frage gestellt. Aber jetzt stehen wir nicht auf einer gemeinschaftlich anerkannten Basis; denn jetzt werden unsere Fundamental-Gesetze selbst in Frage gezogen". Eine besondere Schwierigkeit machte die Frage, „wem man sagen solle, was man zu sagen habe". „Ohne Zweifel", sagte Deák, bereits völlig in den Strudel der Tagesleidenschaft hineingezogen, „jener thatsächlich bestehenden Macht welche unsere constitutionelle Selbständigkeit angegriffen, indem sie unsere wesentlichsten verfassungsmäßigen Rechte an den Reichsrath übertragen wollte; demjenigen der unsere Gesetzgebung aufgehoben und sie in der Schwebe hält, der es bis jetzt noch immer versäumt hat das verantwortliche Ministerium wieder herzustellen; demjenigen der allein die thatsächliche Macht besitzt alle diese Postulate unseres Verfassungslebens zu erfüllen" .... Und doch war „derjenige" in den letzten zehn Jahren zweimal durch sein Königreich gereist! Und doch war „demjenigen" damals von allen Schichten der Bevölkerung gehuldigt zugejubelt, waren ihm Ehren wie sie ihm dem Könige gebührten erwiesen worden! Und doch hatten sich an „denjenigen" damals Männer von allen Farben gewandt, über die „bedauerlichen Verirrungen des Jahres 1848" geklagt und waren nicht einen Augenblick in Verlegenheit gewesen, welche Anspruche ihm gebühre!

Im Mai und Juni 1861 aber schien man das alles vergessen zu haben und das „Felséges Úr" war die Formel, die aus der vermeintlichen Klemme helfen sollte. Nachderhand wurde zwar gesagt, „Felséges Úr" sei im Magyarischen eben das was in anderen Sprachen „Euer Majestät" bedeutet. Allein wer die damaligen Verhandlungen im Gedächtnisse hat, wer sich erinnert daß man den „Kaiser" nicht gelten lassen wollte weil die Achtundvierziger Gesetze einen Kaiser nicht kennen, und daß man an dem „König" Anstand nahm weil „der thatsächliche Inhaber der Gewalt" noch nicht gekrönt sei, der konnte über die Bedeutung jenes versuchten Auskunftsmittels kaum im Zweifel sein. Auch Allerhöchsten Ortes war man darüber nicht im Zweifel; denn Se. Majestät fanden die an die Stufen Ihres Thrones gebrachte Adresse „zur Wahrung jener Unserer fürstlichen Person und Unserer königlichen Erbrechte schuldigen unterthänigen Ehrerbietung, welche der Thron und dessen Würde mit Recht erheischt, die aber in jener Adresse der Magnaten und Repräsentanten, von der gesetzlichen Gepflogenheit abweichend, beseitigt worden ist", zurückzuweisen.

Es ist hier nicht der Ort, auf den Inhalt der beiden Landtags-Adressen vom 6. Juli und vom 12. August 1861 näher einzugehen. Es waren nicht Staatsschriften, sondern Satzschriften, die den einmal eingenommenen Standpunkt hartnäckig bis zum letzten Augenblick zu vertheidigen suchten und worin für solchen Zweck selbst die kleinen Künste rabulistischer Spitzfindigkeit und Wortklauberei nicht verschmäht wurden. „Wir wollen", so lautete der Hauptsatz der aus den trügerischesten Voranstellungen abgeleitet wurde, „weder an dem Reichsrathe noch an irgend einer Volksvertretung der Monarchie Theil nehmen, wir vermögen das Recht derselben, über die Angelegenheiten Ungarns zu verfügen, nicht anzuerkennen, und sind blos geneigt mit den constitutionellen Völkern der Erbländer, als selbständige freie Nation mit einer andern selbständigen freien Nation, unter voller Wahrung unserer Unabhängigkeit von Fall zu Fall zu verkehren. Auf diese Weise wird es in jedem einzelnen Falle viel leichter sein die gemeinsamen Beziehungen ins reine zu bringen, als durch einen gemeinsamen Reichsrath, in welchen wir nur mit Aufopferung unserer constitutionellen Selbständigkeit und unserer wesentlichsten Rechte Deputirte schicken könnten, und in welchen Ungarn schon in vorhinein mit der Besorgnis treten würde daß es trotz aller geschriebenen Zusicherungen schließlich dennoch als eine österreichische Provinz betrachtet und jener Versuch, den die absolute Macht Jahrhunderte hindurch oft, aber erfolglos wiederholte, der Versuch der Einverleibung, bald unter dem Vorwande des Constitutionalismus von neuem eingeleitet werden wird". Ja so weit gingen sie in ihrem verblendeten Rausch daß sie eine neuerliche Abdankung Ferdinand „des Fünften", eine neuerliche Verzichtleistung des Erzherzogs Franz Karl, eine neuerliche Thronbesteigungs-Erklärung Franz Joseph's, des „Felséges Úr" verlangten, das großmüthige Versprechen anfügend: „Wir werden über diese (Olmützer) Urkunden seinerzeit auf dem Landtag debattiren, ja werden dieselben auch in das Gesetz einschalten, damit wenigstens nachträglich das eingehalten werde, was von Rechtswegen anfangs hätte geschehen sollen".

Die öffentliche Stimmung und Haltung im Lande lieferte zu diesen Pester Kundgebungen gleichsam den praktischen Commentar. Wie man hier von nichts wissen wollte als von den Beschlüssen und Gewährungen der Jahre 1848 und 1849, so schien man sich dort ganz und gar in die revolutionaire Strömung jener Jahre hineinreißen zu lassen. War doch schon im Februar 1861 von einer geheimen proviforifchen Regierung für Ungarn, Koffuth Klapfa Pulßky, die Rede und ftellte fich, wie allgemein erzählt wurde, der defignirte Militär-Chef des Landes, der ehemalige Honvéd-Obrift von Asbóth, in Uniform und mit dem „Koffuth-Orden" gefchmückt dem Kraffó'er Ober-Gefpan vor! Gegen Ende Juni war von einem geheimen Anfchlage die Rede fich der Feftung Komorn zu bemächtigen; die Sache wurde zwar nachmals in Abrede geftellt, doch als Zeichen der Zeit war fie immerhin nicht ohne Bedeutung. Sogar ein auswärtiger Kron-Prätendent in der Perfon Auguft's von Crouh-Chanel tauchte auf und gab officiöfen Blättern Anlaß, allen Ernftes die Grundlofigkeit der von diefem angeblichen „Sohne Arpad's" und „Enkel Attila's" erhobenen Anfprüche nach-zuweifen.

Da erfchien das königliche Refcript vom 21. Auguft 1861 worin der Monarch erklärte „keine nützliche Thätigkeit mehr von einem Landtag erwarten zu können, der zum größten Nachtheile aller betheiligten Parteien feine erhabene Aufgabe in der gegenwärtigen kritifchen Zeit fo fehr verkannte, daß er den Faden des möglichen Ausgleichs deshalb geradezu für abgeriffen erklärte, weil folche Forderungen nicht erfüllt wurden deren Tragweite die Gränzen deffen was bewilligt werden kann weit überfchreitet". Bald darauf wurde eine Art Belagerungszuftand über das Land verhängt, wo, mit dem zunehmenden Ernft und Selbftbewußtfein der kaiferlichen Regierung, allmälig Ruhe und Befonnenheit zurückkehrten.

*   *   *

Das Lofungswort der fogenannten Achtundvierziger Gefetze war in der Doctrin feiner Vertheidiger an zwei Ideen geknüpft die mit allem Schwulft der Großfprecherei gleich unantaftbaren Palladien hin-geftellt und geprifen wurden, mit denen es aber eine eben fo nichtige Bewandtnis hatte wie im Jahre 1848 mit der Berufung auf die

Pragmatische Sanction. Diese beiden Ideen waren: die „tausend=
jährige", die „avitische Verfassung" und die „Rechts=Continuität". In
Wahrheit schloßen diese beiden Ideen einander gegenseitig
aus, und jede von ihnen beiden schloß die Wiederherstellung
der s. g. Achtundvierziger Gesetze aus.

Denn wurde von der erstern, von der „avitischen" Verfassung
ausgegangen, so waren ja die s. g. Achtundvierziger Gesetze mit ihrer
administrativen Centralisation auf den Trümmern der althergebrachten
Comitats=Autonomie so wie mit ihrer Einschiebung einer modern=consti=
tutionellen Minister=Verantwortlichkeit zwischen den Monarchen und
die landtagsmäßige Vertretung seines Königreichs, der vollständigste
Bruch mit allem worauf die staatsrechtlichen Verhältnisse
Ungarns bisher geruht hatten, ein Setzen von völlig Neuem an
Stelle des Alten, und zwar einerseits ohne vermittelnden Übergang,
andrerseits ohne legale Autorisation seitens der von altersher mit=
berechtigten oder eigentlich vorberechtigten Mitträger der legislativen
Macht im Lande, der gespanschaftlichen Wählerkreise. Wollte daher
nach einer so schroffen und gewaltsamen Unterbrechung neuerdings von
einer wahrhaften Rechts=Continuität die Rede sein, so durfte nicht an
jene s. g. Gesetze, sondern mußte an die Verfassungszustände vor den=
selben, an jene von 1847 angeknüpft werden.

Sollte dagegen die Idee der Rechts=Continuität den Vortritt
haben, und zwar dergestalt daß die s. g. Achtundvierziger Gesetze in
deren Umfang einbezogen wurden, d. h. nahm man an daß diese
„Gesetze" — selbstverständlich abgesehen von der labilen Weise ihres
Zustandekommens — eine berechtigte Phase im Entwicklungsgange der
ungarischen Verfassung bildeten, dann war ja doch offenbar diese
Phase nicht die letzte und durfte daher für die Weiterführung jenes
Entwicklungsganges wieder nicht an sie angeknüpft werden, sondern
die Sache gestaltete sich so:

Es waren die vormärzlichen Zustände —

Es kamen die revolutionairen Ereignisse und Kundgebungen der Jahre 1848 und 1849 —

Es trat hierauf in Österreich „wie fast überall in den gewaltsam erschütterten Gebieten des europäischen Festlandes vor allem das Bedürfnis einer strengeren Concentrirung der Regierungsgewalt" (Manif. v. 20. Oct. 1860) ein —

Es erfolgte aus Allerhöchst-kaiserlicher Entschließung, um „von den Wünschen und Bedürfnissen der verschiedenen Länder der Monarchie Kenntnis zu nehmen", die Berufung des verstärkten Reichsrathes mit A. h. Patent vom 5. März 1860 —

Es ergingen endlich aus der selbsteigenen Schlußfassung und Machtvollkommenheit Sr. Majestät des Kaisers das Diplom und die Allerhöchsten Handschreiben vom 20. October 1860. —

Weit entfernt also, daß bei dem nach 1860 von der ungarischen Opposition rücksichtlich der s. g. Achtundvierziger Gesetze beobachteten Vorgange der Grundsatz der Rechts-Continuität zur Geltung gelangte, wurde derselbe vielmehr gerade dadurch offenbar verletzt, da mit einer durch nichts gerechtfertigten Willkür aus der zusammenhängenden Reihenfolge vorangegangener Verfassungs-Phasen ein bestimmter einzelner Zeitpunkt herausgegriffen und an diesen die Weiterführung staatsrechtlicher und verfassungsmäßiger Entwicklung geknüpft, alles Nachfolgende, beziehungsweise zwischen jenem Momente und dem Zeitpunkte der beabsichtigten Wiederanknüpfung und Weiterführung Inmittenliegende, übersprungen, in seinem staatsrechtlichen und verfassungsmäßigen Bestande verläugnet, als nicht zu Recht bestehend geradezu verworfen werden sollte.

* * *

Wie wir früher gesehen, waren alle die in der Zeit von 1849 bis 1859 ihrem patriotischen Eifer Worte geliehen, und zwar aus eigenem Antrieb und aus freien Stücken, ohne daß es von ihnen verlangt worden, ohne daß eine äußere Nöthigung dazu vorhanden gewesen wäre, der Hauptsache nach in derselben Richtung zu gehen gewillt die sich uns aus einer nüchternen Auffassung der Natur der Dinge so wie aus dem Geiste und dem Wortlaute der Allerhöchsten Entschließungen als die allein richtige herausgestellt hat.

Freilich wollten sie in den Jahren darauf wo die Wogen der öffentlichen Meinung wieder hoch gingen, jenes früher behauptete nicht mehr gelten lassen, schämten sich schier ihrer damaligen Besonnenheit und Mäßigung, wie denn einer der bedeutendsten von ihnen, Baron Eötvös, den „Pesti Hirnök" sagen ließ: das Buch über die „Garantien der Macht und Einheit Österreichs" sei von dessen Verfasser „in einer unbewachten und unglücklichen momentanen Anwandlung von Resignation geschrieben". Doch ein Buch von 218 Seiten in Groß-Octav, ernst und ruhig im Ton, logisch und consequent in der Durchführung, schreibt man nicht in einer „momentanen Anwandlung" die übrigens, da diese letzte Eötvös'sche Schrift als die reife Frucht alles dessen betrachtet werden kann was der edle Freiherr von 1849 bis 1859 über die Stellung seines engeren Vaterlandes nachgedacht geschrieben und gedruckt hatte, nicht mehr und nicht weniger als wohlgezählt zehn volle Jahre angedauert haben müßte. Das Wahre an der Sache war vielmehr das, daß man damals, in der Zeit nach gebändigter Revolution und voller Herstellung des kaiserlichen Ansehens, keine Möglichkeit sah mit einem Mehr durchzudringen, während sich nach den Ereignissen von 1859 die Aussicht viel weiter gehender Zugeständnisse zu eröffnen schien.

Aber, so dürfen wir fragen, wenn es auf solche Art in dem einen und in dem andern Falle nur Gelegenheitsache war ob ein

Mehr oder ein Minder gefordert wurde und bewilligt werden sollte, wo lag dann die eigentliche, die wahre und aufrichtige Überzeugung? In den Manifestationen der früheren Jahre da man bescheiden war, oder in jenen der darauffolgenden Sturmzeit da man unbescheiden wurde? Oder, die Frage anders gestellt: auf welcher Seite ist die bessere Überzeugung zu vermuthen? Unter den Verhältnissen der Jahre 1848/9 wo alles drüber und drunter ging, und 1860/1 wo alles von neuem drüber und drunter zu gehen drohte, oder unter jenen der Zeit von 1849 bis 1859 wo man Muße hatte alle Umstände in genaue und reifliche Überlegung zu ziehen, das staatsrechtliche Mein und Dein auf beiden Seiten gebührend abzuwägen, und daraus mit sicherer Hand ein Schlußergebnis zu ziehen? . . .

Ein ähnliches Schauspiel, nur in umgekehrter Ordnung, bot sich neuerdings den Blicken dar als nach dem wilden Taumel der Jahre 1859 bis 1861 die Macht der Regierung wieder erstarkte, mit kräftiger Hand Ordnung und Gesetzlichkeit hergestellt, Übergriffe und Ausschreitungen mit der Strenge des Gesetzes gezügelt wurden. Bei den Rundreisen durch das Land, die im Frühjahr 1862 der Statthalter Graf Moriz Pálffy, im Juni und Juli darauf der ungarische Hofkanzler Graf Anton Forgách unternahmen, konnten sie mit Befriedigung die Zeichen rückkehrender Ruhe und Besonnenheit wahrnehmen die das Beste versprachen. „Da die Wohlfahrt des Vaterlandes durch die Achtundvierziger Gesetze erschüttert wurde", so durfte Graf Pálffy am 27. Juni den Beamtenkörper des Borsoder Comitates anreden, „so kann von diesen Gesetzen, wegen deren unser theures Vaterland zweimal dem Untergang nahegebracht wurde, kein heilsames Resultat mehr erwartet werden, und jene die jetzt noch starr an ihnen halten verhindern nur den Weg der Verständigung, machen die Einberufung des Reichstages unmöglich". Auch andere gemäßigte Stimmen machten sich vernehmbar. Als um dieselbe Zeit das Kossuth'sche Project eines conföderirten Donau-Reiches im Lande große Aufregung hervorrief, konnten Ladislaus Kovács und Anton Zichy, Mitglieder des aufgelösten Landtages, ihre Mitbürger mahnen: „daß nach Kossuth's unschätzbarer Aufrichtigkeit heute jedermann im Lande anerkennen müße daß Ungarn nur im Verein mit Österreich eine Zukunft habe; daß die Dynastie allen Grund habe in dem innigen Zusammenhang und aufrichtigen Zusammenhalten aller Theile der Monarchie die Großmachtstellung derselben zu suchen und zu fordern; daß für diesen gemeinsamen Zweck von beiden Seiten Opfer gebracht werden müßten und es nur darauf ankomme jene beruhigenden Formen zu finden, unter welchen die gemeinsamen Angelegenheiten mit Aufrechthaltung der vollen Autonomie der einzelnen Länder in den nicht-gemeinsamen Angelegenheiten zu behandeln wären". Ja es konnte sich jetzt eine Partei wieder hervorwagen deren Spuren in den aufgeregten Wirren der drei letzten Jahre ganz verloren gegangen zu sein schienen, die der s. g. Alt-Conservativen die sich auf den Standpunkt vor dem Jahre 1848 stellten, die gemeinsamen Angelegenheiten der absoluten Gewalt des Monarchen anheimgestellt, in allem andern aber die Rechte, wie sie der ungarische Landtag in der vormärzlichen Zeit besessen, den Vertretungen auch der nicht-ungarischen Königreiche und Länder zugetheilt wissen wollten — s. g. Kalksburger Programm vom 13. Januar 1862. — Eine andere Partei, die im August 1862 in Sauerbrunn bei Rohitsch ihre Anschauungen in einer dem Grafen Forgách überreichten Denkschrift formulirte, meinte wohl „den legalen Boden der Achtundvierziger Gesetze" wieder betreten zu sollen, knüpfte aber ihre innige Überzeugung daran daß, „bei der Elasticität der §§. 6, 8, 13 und 20 Artikel III derselben", ein alle Theile befriedigender Ausgleich auf dieser Basis unschwer zu erzielen wäre. Mit verschieden lautenden Vorschlägen, allein immer in versöhnlicher Weise und Richtung, erhoben auch Einzelne ihre Stimmen, wiesen die Wiener Staatsmänner auf die Nothwendigkeit mit Ungarn „Frieden zu machen", mahnten aber gleichzeitig ihre Landsleute, „daß auch für Ungarn nicht sobald eine bessere Gelegenheit zum beiderseits ersehnten Ausgleich kommen werde"...

Und so wäre denn in der That abermals ein günstiger Zeitpunkt gewesen, die ungarische Frage mit geschäftsmännischem Geist und Ernst erwünschter Lösung entgegenzuführen, wenn nicht die leitenden Staatsmänner in Wien auf einem Standpunkte beharrt hätten den die Führer selbst der gemäßigsten Parteien in Ungarn nicht glaubten zugeben zu können: den des gemeinsamen Reichstages nach den Bestimmungen des Februar-Patentes von 1861, wovon nicht blos Eötvös nichts wissen wollte der dagegen lange Artikel schrieb, oder Deák der im übrigen jetzt wieder sehr traitabel war — er verlangte nur vier Ministerien für Ungarn: Inneres, Justiz, Landes-Finanzen, Cultus und Unterricht —, sondern selbst Georg Apponyi das Haupt der Conservativen. Und vielleicht würde es sich trotz alle dem mit Erfolg gekrönt gesehen haben, jenes bekannte Schmerling'sche „Wir können warten", wenn ihm die ungestörte und hinreichend lange Zeit gegönnt gewesen wäre mit dem unruhigern andern Theile es auf eine Geduldprobe ankommen zu lassen. Allein da kam das Kriegsjahr 1866, da kamen die mysteriösen „Nebel von Chlum", da kam endlich, wie um das Maß des Unheils vollzumachen, daß die Führung der Geschäfte unserer Monarchie in die Hände eines Staatsmannes gelegt wurde, dem man große Schonung angedeihen läßt wenn man ihm nichts anderes nachsagt als daß er von österreichischen Zuständen und Verhältnissen nichts verstanden habe.

Der neue Minister wickelte die Dinge in einer zwar etwas eigenthümlichen Weise ab, aber jedenfalls sehr flink.

Mit Allerhöchstem Patent vom 17. Februar 1867 erfolgte die Constituirung eines verantwortlichen ungarischen Ministeriums und die Ernennung des Grafen Gyula Andrássy von Csík-Szentkirály und

Kraszna-Horka zum Präsidenten desselben, mit Allerhöchstem Handschreiben vom 19. die Berufung der neuen Minister, statt der noch in den Jahren 1864 und 1865 gewünschten und erwarteten v i e r, nunmehr n e u n, nämlich: Präsident, Hoflager, Inneres, Justiz, Finanzen, Cultus und Unterricht, öffentliche Arbeiten und Communicationen, Handel Industrie und Landwirthschaft, Landesvertheidigung.

Die unmittelbaren Folgen dieser neuen Constituirung waren:

die Auflösung der ungarischen Hofkanzlei —

die Auflösung der ungarischen Statthalterei —

die Auflösung der siebenbürgischen Hofkanzlei da „die schwebende Frage der thatsächlichen Union Siebenbürgens mit Ungarn" nunmehr Sache des verantwortlichen Ministeriums sein sollte — welche Union denn in der That bald darauf erfolgte.

Vom 31. August datirten die Gesetz-Artikel in welchen es den Ungarn gefiel zu formuliren, was sie gewillt und geneigt seien sich von den andern Ländern der Monarchie gewähren zu lassen.

Am 21. December erschien das Gesetz über die sogenannten gemeinsamen Angelegenheiten und das neue Institut der Delegationen, rücksichtlich welcher letztern seitens der ungarischen Legislative der „Wunsch" ausgesprochen wurde „daß die Sitzungen abwechselnd in dem einen Jahre in Pest*), im folgenden aber in Wien oder, wenn die Vertretung der übrigen Länder und Provinzen Seiner Majestät es selbst wünschen sollte, in irgend einer andern Hauptstadt jener Länder abgehalten werden möge" — ein „Wunsch" dem bekanntlich seitens der nicht-ungarischen Regierung und Länder die ganzen Jahre her mit pflichtschuldigster Genauigkeit nachgekommen wurde.

Am 27. December erfolgte die hochherzige Erklärung Ungarns daß es sich herbeilassen wolle, zu dem Aufwande für die gemeinsamen

---

*) „Amor incipit ab Ego".

Angelegenheiten 30% beizutragen, und der Abschluß des Zoll- und Handels-Bündnisses zwischen den ungarischen und den nicht-ungarischen Ländern.

Und dann noch verschiedenes andere auf was wir vielleicht gelegentlich zurückkommen werden.

1876.

Einen Dualismus in gewissem Sinne und innerhalb gewisser Gränzen hat es in unserem Staatsleben seit langem gegeben. Die Anfänge desselben reichen bis zum Beginn des vorigen Jahrhunderts hinan, ja noch darüber hinaus. Es war dies jene sich diesseits und jenseits der Leitha im Laufe der Zeit immer verschiedener gestaltende Art der Besorgung der eigenen Landes-Interessen, die zwar überall in der Gewalt des Monarchen ihren Ausgangs- und Endpunkt hatte, aber hier, mit Beibehaltung der alten verfassungsmäßigen Formen, der Sache nach eine absolutistische wurde, dort hingegen unter der Spitze und Ägide eines im Grunde patriarchalischen Regiments die altberechtigte landständische Mitwirkung, wenn auch mit zeitweisen Unterbrechungen, in voller Kraft und Thätigkeit sich entfalten ließ.

Daher, wie wir gesehen haben, die Bitte der ungarischen Stände während der Pragmatischen-Sanctions-Verhandlungen, daß ihr Land „nicht nach Art der übrigen Erbländer — non ad normam aliarum Haereditarium Provinciarum" geleitet und regiert werden solle, ein Begehren das dann, nach dem zehnjährigen Verfassungsstillstande unter Kaiser Joseph II., im X. Gesetz-Artikel 1790/1 mit erneutem Nachdruck gestellt wurde.

Daher die Versicherung des Kaisers Franz I. in dem Allerhöchsten Patente vom 11. August 1804, daß auch mit und nach

Schöpfung des österreichischen Kaiserstaates Ungarn in seiner früheren staatsrechtlichen Stellung verbleiben solle.

Daher in den Jahren 1848/9 die Bereitwilligkeit des Wiener und Kremsierer constituirenden Reichstags, die von ihm zu berathende Verfassung auf die von ihm vertretenen, also auf die nicht-ungarischen Länder zu beschränken.

Daher selbst in der „Reichs-Verfassung für das Kaiserthum Österreich" vom Jahre 1849 die besondere Hinweisung auf „die Verfassung des Königreichs Ungarn", insoweit die letztere mit der ersteren nicht in Misklang stehe (§. 71), im Gegensatze zu „allen übrigen Kronländern" welche „eigene Landesverfassung" erhalten sollten (§. 77).

Daher endlich im October-Diplom von 1860 die „Ausnahme der Länder der ungarischen Krone", als in welchen alle „nicht der ausschließlichen Competenz des gesammten Reichsrathes zukommenden Gegenstände der Gesetzgebung" von jeher der abgesonderten Berathung und Behandlung vom Lande aus anheimgestellt gewesen seien.

An diesem Dualismus soll denn auch in Hinkunft, dafern nicht von den Ungarn selbst der große Freibrief vom 20. October 1860 zerrissen würde, nicht gerüttelt werden. Wir haben ihn, so sehr es uns auch schmerzt, in das Bereich unpraktischer Vergangenheit gerückt, jenen schönen und großen Gedanken einer **unzwiespaltigen Einheit des innern Staatslebens unserer Monarchie**, der in der Verfassungs-Urkunde vom 4. März 1849 hingezeichnet war, aber leider in Folge intra- und extra-muralischer Fehlgriffe und Sünden nicht zur Verwirklichung gelangen konnte. Wir wollen fortan ohne Misgunst und nergelnden Neid dem ungarischen Krongebiete jene auszeichnend abgesonderte Stellung gönnen, deren sich dasselbe, während die übrigen österreichischen Länder durch mehr als ein Jahrhundert ein kümmerliches Scheinleben der Verfassung führten, bis zum Jahre 1848 herab zu erfreuen hatte und die demselben nach dem Scheitern des Schwarzenberg-Stadion'schen Einigungs-Planes aus freier kaiserlicher Huld und Gnade wieder zurückgegeben wurde.

Wir erbieten uns des ferneren, über die radicalen territorialen Umstaltungen, die seit 1859/60 das Gebiet der St. Stephanskrone so wesentlich zu einem andern gemacht haben als es früher gewesen, wir meinen die Einverleibung der Woiwodschaft und die Union mit Siebenbürgen, hinauszugehen, so sehr es auch unsern historischen Sinn beleidigt, unsern Begriffen von staatsrechtlicher Um- und Fortbildung widerstrebt; so sehr es, unseres Bedünkens, im eigenen Interesse Ungarns läge die Dinge auf den früheren Stand zurückzuführen; so anfechtbar endlich in unsern Augen die Mittel und Wege sind auf denen jene Einverleibung und diese Union zustande gebracht wurden. Doch, wie gesagt, wir wollen das als eine häusliche Angelegenheit Ungarns ansehen. Kein Wort mehr davon!

So soll auch das ungarische verantwortliche Landes-Ministerium von uns völlig frei und unangetastet bleiben. Wir verstehen es zwar nicht wie man in einem Athem von der „avitischen", von der „tausendjährigen" ungarischen Constitution und von einer Einrichtung sprechen kann, die in jene in keiner Weise hineinpaßt, vielmehr als exotisches Gewächs in den Boden des altehrwürdigen heimischen Verfassungslebens gepflanzt wurde. Allein das mögen die Herren drüben unter einander ausmachen!

Eben so soll uns die Zahl der curulischen Stühle und die Vertheilung der Portefeuilles weiter nicht anfechten. Wollen sie bei den vieren bleiben, die ihnen ein gewiegter Patriot noch im December 1864 vorgeschlagen hatte: Verwaltung, Justiz, Landes-Finanzen, Cultus und Unterricht — gut! Wollen sie ihrer mehr haben, das Präsidium für sich stellen, aus der Verwaltung die Landescultur, die öffentlichen Bauten, die militärischen Verwaltungs-Angelegenheiten (Einquartirung, Verpflegung ꝛc.) ausscheiden, und auf solchem Wege aus den vier acht machen —

auch gut! Es kostet zwar bedeutend mehr, allein — „La France est assez riche pour payer sa gloire", wie Napoleon III. sagte...

Das alles soll hinfort nicht unsere Sache sein! Wohl aber wird es unsere Sache sein und bleiben d. h. Sache der mit dem Gebiete der St. Stephans-Krone seit 1526 unter einem Scepter vereinigten, seit 1723 als untheilbar und unabtrennbar zusammengehörig erklärten, seit 1804 zu einem Kaiserreiche verbundenen übrigen Königreiche und Länder: das Wesen und den Wirkungskreis des seit 1867 de facto bestehenden ungarischen Ministeriums in's Auge zu fassen und mit ernster Ueberlegung zu prüfen, ob sich der Bestand einer solcherart gestalteten ungarischen Sonder-Regierung mit jenen Grundlagen in Einklang bringen lasse auf denen unser gemeinsames Staatsganze ruht.

* * *

Und da wird auf den ersten Blick eines klar, und zwar dieses: daß der Dualismus der im Jahre der Wirrnis 1848 inaugurirt, im Jahre der Katastrophe 1849 ad absurdum geführt und im Jahre des sogenannten Ausgleichs 1867 resuscitirt wurde, etwas im Wesen und Ziele durchaus Verschiedenes von jenem Dualismus sei, der sich im Laufe der Jahrhunderte zwischen den ungarischen und nicht-ungarischen Ländern herausgebildet und der im Patente vom 11. August 1804 und im Diplome vom 20. October 1860 erneuten Ausdruck gefunden hat.

Wir erwarten die Einwendung: mit welchem Recht und Fug wir, was sich in den Jahren 1848 und 1849 thronräuberisch vollzogen hat, in Beziehung zu demjenigen setzen können, was in den Jahren 1867 und 1868 auf dem Wege loyaler Verhandlung erreicht wurde? Unsere Antwort lautet: Mit demselben Recht und Fug mit welchem man die reif abfallende Frucht zu dem noch unentwickelten Keim in Beziehung setzt! Und daß in der That alles was in jener verhängnisvollen Epoche ans Licht getreten ist, in den seit 1867 thatsächlich bestehenden und nun der Revision zu unterziehenden Verfassungsverhältnissen Ungarns in verhülltem Keim vorhanden sei, davon sich zu überzeugen genügt ein Blick auf die Vorgänge inner- und außerhalb des Pester Reichstagssaales welche das Zustandekommen des Ausgleichs von ungarischer Seite eingeleitet, so wie auf jene welche seit der Wirksamkeit desselben von Zeit zu Zeit, gleich in der Dunkelheit aufflackernden Blitzen, den wahren Stand der Dinge in schnellen und scharfen Umrissen beleuchtet haben.

Zuerst kam die „ungarische Armee" an die Tagesordnung. „Angesichts der europäischen Verhältnisse", ließ sich Stephan Türr im Januar 1867 vernehmen, „werde niemand fordern, daß die Armee augenblicklich zu einer nationalen umgestaltet werde; die wackern Honvéds, die in den Jahren 1848 und 1849 durch ihre Jugend und Vaterlandsliebe das ersetzten was ihnen in militärischer Beziehung abgegangen, seien inzwischen alt geworden, hätten sich auch des Dienstes entwöhnt; gegenwärtig könne es sich nur darum handeln die Vorbereitungen zu einer künftigen ungarischen Armee zu treffen; die heutigen Werbbezirke wären zu Armee-Bezirken auszudehnen, die der ungarische Landesvertheidigungs-Minister im Vereine mit einer zu Agram bestehenden Section für das dreieinige Königreich zu organisiren hätte" 2c. Und in einem November-Artikel des „Hon": „Wenn man es in Wien für zweckmäßig oder nothwendig erachtet hat aus den Männern von 1848 ein ungarisches Ministerium zur politischen Regierung des Landes zu wählen, dann muß man natürlich auch die ergänzenden Schritte thun und behufs Ausarbeitung eines allgemeinen Landesvertheidigungs-Systems vertrauensvoll alle jene ungarischen

Männer zur Theilnahme auffordern die durch ihre auf dem Schlacht=
felde gewonnenen Erfahrungen und Verdienste dazu berechtigt sind".
Georg Klapka und Moriz Perczel, nach achtzehnjährigem Exil zurück=
gekehrt, sprachen sich in derselben Weise aus. „Wie ich einstmal bereit
war", erklärte der erstere in einem Rundschreiben an die Wähler von
Illava, „für die Selbständigkeit und Unabhängigkeit des Vaterlandes
in den Kampf zu gehen, so bleibe ich diesen Grundsätzen auch in
Zukunft getreu". Der andere aber verlangte in einer im December
1867 auf Organisation eines nationalen Heeres gestellten Interpellation
die Theilung der kaiserlichen Armee in eine österreichische und eine
ungarische; „selbst die kleinsten europäischen Nationen", rief er aus,
„das neutrale Belgien, die Schweiz, Rumänien, Serbien haben eigene
Armeen, warum soll Ungarn einer solchen entbehren"? In der
Debatte, die Ende Juli und Anfang August 1868 über die Wehrgesetz=
Frage geführt wurde, stützte sich Madarász auf die „Souverainetät
beider Staaten der österreichischen Monarchie", und faßte den Inhalt
seiner Forderungen in den Satz: „Kein großes stehendes Heer, sondern
eine große Honvéd=Armee braucht Ungarn"; Koloman Ghyczy tadelte
an dem bezüglichen Gesetzentwurfe daß derselbe Bestimmungen über
die Armee der ganzen Monarchie enthalte, „jedoch keine über die
ungarische Armee über die zu verfügen der Reichstag allein berechtigt
ist"; und Csanády verlangte geradezu eine ungarische Armee „die
was immer für einer k. k. Armee gegenübergestellt werden
kann", aber nicht die Vermehrung der k. k. Armee.*)

---

*) Verfasser muß hier ein für allemal daran erinnern daß er nicht in der
Lage ist die hier angeführten deutschen Ausdrücke mit dem ungarischen Original
zu vergleichen. Da er aber seine Uebersetzungen aus den gelesensten Wiener
Blättern, und zum großen Theil aus der „Wiener Zeitung" genommen und, trotz
aufmerksamen Lesens, nicht gefunden hat daß die Richtigkeit derselben von un=
garischer Seite irgendwo wäre angefochten und in Abrede gestellt worden, so darf
er sie wohl für maßgebend halten.

Die Consequenz solcher Grundsätze war: die Einheit des Kaiserstaates zu bestreiten. In der Siebenundsechziger Commission der ungarischen Deputirten-Tafel stemmten sich am 30. Januar 1867 die beiden Kolomans, Tisza und Ghyczy, sowohl gegen den Ausdruck „Monarchie" als „beide Theile"; Graf Béla Keglevich und Paul Szontágh wollten weder von Delegationen etwas wissen „als das Staatsleben Ungarns gefährdend", noch „von gemeinsamen Angelegenheiten" oder irgend einer „Verschmelzung Ungarns mit den Erbländern"; Koloman Tisza erblickte in den Delegationen und dem gemeinsamen Ministerium „das Grab der Unabhängigkeit Ungarns". Im November 1868 gab es im Unterhause eine Debatte über die Titelfrage der gemeinsamen Minister; Ghyczy entdeckte in dem Ausdruck „Reichs-Minister" eine Gefahr für das Staatsrecht Ungarns, eben so Tisza der sich auch über den Ausdruck „Reichs-Kanzler" aufhielt. Die äußerste Linke, Csanády, Daniel Irányi, Madarász, ergriffen fast jede Gelegenheit gegen die Aufpflanzung der schwarzgoldenen Fahne ob der Ofner Königsburg loszuziehen: „das könne zu dem Glauben verleiten Ungarn sei eine Provinz Österreichs"; und im Mai 1869 konnte der ungarische Minister-Präsident Graf Andrássy Gyula rühmend hervorheben, daß die neue Handelsflagge von „beiden Staaten Sr. Majestät" angenommen worden sei, „welche zum erstenmal der Welt Kunde gibt von jenem Ungarn welches den zweiköpfigen Adler abgelehnt hat".

Das Ungarn der Jahre 1848 und 1849 hat seine „Gesandten" gehabt, freilich nicht an auswärtigen Höfen, sondern nur an Vorhöfen, weil sie bekanntlich nirgends anerkannt wurden, außer etwa in Turin das damals mit uns im Kriege war. Doch das that in Kossuth'schem Sinne der Sache keinen Abbruch; von ungarischer Seite war es einmal so gemeint und das gab, wie man in Pest und Debreczin glaubte, den eigentlichen Ausschlag. Nun: Ist man in diesem Punkte in Ungarn seither bescheidener geworden?! Wenn selbst ein Deák, in seiner schriftstellerischen Polemik gegen Lustkandl, sich nicht enthalten konnte ungarische Gesetz-Artikel aus den Jahren 1723 1741 1790 für seine Behauptung in's Feld zu führen, daß Ungarn von der Behandlung der auswärtigen Angelegenheiten nicht ausgeschlossen sein und daher streng genommen bei ausländischen Gesandtschaften neben Österreich vertreten werden solle, wie konnte es ausbleiben daß minder gewiegte Politiker sich desselben Stoffes bemächtigten und ihn mit Vorliebe immer wieder auf die Tagesordnung setzten! In hervorragender Weise war das im Jahre 1869 der Fall. „Wo ist unser Geld? wo sind unsere Soldaten?" fragte Moriz Jókai in seiner in der ersten Hälfte Januar an seine Wähler gehaltenen Programm-Rede. „Wo ist die gepriesene Parität? wo ist der Dualismus? Die Kriegsmacht des Staates befindet sich in den Händen einer nicht-ungarischen Regierung, und im Fall eines europäischen Conflictes stehen wir nackt und wehrlos da! Von 106 ungarischen Regimentern haben 7 ein ungarisches Officier-Corps, die andern 99 aber ein fremdes. Müßen wir unter solchen Umständen nicht fürchten daß eine Regierung, auf welche wir keinen Einfluß haben und die unsere auswärtigen Angelegenheiten leitet, uns jeden Augenblick in einen Krieg stürzen kann der vielleicht mit unserem Ruin endet?" In der Adreß-Debatte im Mai kam dann Koloman Ghyczy auf denselben Gegenstand zurück: „Die internationale Stellung Ungarns und dessen Einfluß auf die auswärtigen Angelegenheiten seien gleich Null; die staatliche Selbständigkeit Ungarns sei diplomatisch noch immer nicht anerkannt und in Wien herrsche das Bestreben vor, dieselbe nicht zur Geltung kommen zu lassen; man wolle sich in Wien noch immer nicht von der Idee der Reichseinheit lossagen" ꝛc.

Im September 1872 formulirte Ghyczy die Anschauungen und Wünsche seiner Partei in folgender Weise: „Wir brauchen keine Delegationen und kein gemeinsames Ministerium; hingegen verlangen wir: ungarische Armee, Unabhängigkeit unserer Geld= und Handels=Verhältnisse und endlich diplomatische Anerkennung der gesetzlichen Unabhängigkeit unseres Vaterlandes". Und in der Adresse welche am 27. Ernst Simonyi namens der Linken überreichte, hieß es: „Die Gesetze vom Jahre 1867 verletzen die unverjährbare Cardinal=Grundlage des ungarischen Staatsrechtes und die religiöse Hingabe womit die Nation an dieser Basis hängt. Die gemeinsamen Angelegenheiten haben keinen Zweck und kein Interesse die nicht auf anderem Wege wirksamer erreicht werden könnten"; die Gemeinsamkeit des Heeres müsse aufhören, und auf constitutionellem Wege zwischen den beiden Staatsgebieten ein Tractat geschlossen werden, worin die Wehrkraft festgestellt werde mit welcher die Länder der ungarischen Krone zur Vertheidigung der übrigen Länder Sr. Majestät und die letztern wieder zum Schutze der Länder der ungarischen Krone verpflichtet würden; dann würde jeder Vorwand fallen „zum weitern Fortbestande des gemeinsamen Ministeriums und der Delegationen die einer aus dem Herzen des ungarischen Volkes niemals auszurottenden Antipathie begegnen". In der Adreß=Debatte, die am Tage darauf, 28. September 1872, ihren Anfang nahm erhob sich Koloman Tisza gegen einen von den Abgeordneten Trifunac und Miletić eingebrachten Adreß=Entwurf, welchen er schon darum als einen verwerflichen bezeichnete weil darin wiederholt der Ausdruck „das Reich Sr. Majestät" vorkomme; „denn dieser Titel stammt aus der Zeit des einigen Österreich wo, unter der Benennung ‚Österreich', Ungarn und Österreich als ein Staat gemeint war. Ich glaube daher daß wir mit diesem Entwurfe nicht richtiger vorgehen können als wenn wir ihn einfach beiseite legen". . . .

Constatiren wir als jüngste Manifestationen im Pester Reichstagssaale: die neuerliche Interpellation Daniel Irányi's am 30. August 1875 wegen Aufhissung der „schwarzgelben" Fahne ob der Ofener Königs=

burg, die es ihm und seinen Gesinnungsgenossen unmöglich machen werde bei Eröffnung des Reichstages am andern Ufer zu erscheinen, da „die österreichische Fahne bei diesem Anlasse eben so wenig an ihrem Platze ist als es die ungarische bei Gelegenheit der Eröffnung des österreichischen Reichstages in Wien sein würde"; den Inhalt des Adreß-Entwurfes der „Unabhängigkeits-Partei" welche die vollständige Zurücknahme des Siebenundsechziger Ausgleiches „der das Land seit acht Jahren consequent seinem Ruine zuführt", die „Errichtung eines selbständigen ungarischen Zollgebietes" 2c. ihrem Programme einverleibt; die schroff ablehnende Haltung des Hauses und seines Präsidenten gegen den Adreß-Entwurf von Miletić, der sich die Magyaren zu mahnen erlaubt hatte daß es noch andere Volksstämme gebe die auf dem Gebiete des Donau-Theiß-Landes Anerkennung verlangen 2c. 2c. so glauben wir wohl eines weitläufigeren Beweises dafür enthoben zu sein daß sich die Festhaltung des 1848/9er Standpunktes mit allen Consequenzen desselben wie ein rother Faden durch das ganze seitherige Verfassungsleben Ungarns hindurchziehe, und daß es daher vollkommen gerechtfertigt sei was wir früher von dem Verhältnisse des unentwickelten Keimes zur reifen Frucht behauptet haben, oder mit anderen und deutlicheren Worten: daß jener gefährliche Großmachtswahn, der im Jahre 1848 zum tollen Ausbruch gekommen war und in der verhängnisvollen Unabhängigkeits-Erklärung vom 14. April 1849 seine Spitze gefunden hatte, jenseits der Leitha noch immer in den Köpfen spucke und die Geister umstricke.

* * *

Man wird uns sagen wollen: „Das ist die Opposition, das ist die Linke oder gar die äußerste Linke!" — und mit Selbstbefriedigung darauf hinweisen: „Wurden diese Einwürfe nicht jederzeit siegreich widerlegt, jene Angriffe nicht immer erfolgreich zurückgeworfen?!"

Nun wissen wir sehr wohl daß es in jedem Vertretungskörper eine Opposition gibt und, um allmälige Stagnation zu verhüten, sogar geben muß; daß man einer Linken und selbst einer äußersten Linken, um des Contrastes willen und um mitunter Beweise per absurdum zur Hand zu haben, nicht leicht entrathen kann; und von dieser Seite angesehen hätte es mit jenen Expectorationen nicht so viel auf sich.

Allein ist es wirklich nur die Opposition, ist es wirklich nur die Linke und äußerste Linke, die sich auf den Achtundvierziger Standpunkt stellt und von diesem aus dem Siebenundsechziger Ausgleich seinen eigentlichen Werth und Umfang zu erringen strebt?

Mit nichten! Was der Sache ihre wahre Bedeutung gibt ist, daß auch die Männer der Gegenseite denselben Standpunkt einhalten; daß selbst die Conservativen daran nicht zu rütteln wagen und sich in ihrer Bekämpfung der Linken von dieser nicht im Wesen, sondern nur in der Art und Weise unterscheiden wie sie die sogenannten Achtundvierziger Gesetze aufgefaßt und behandelt, in der Behutsamkeit womit sie gewisse Fragepunkte mehr aus Klugheits- und Opportunitäts-Rücksichten nicht auf's Tapet gebracht wissen wollen; daß sie folglich den Ausgangspunkt der oppositionellen Strebnisse vollkommen zugeben, und nur diesen letzteren Maß und Ziel anzulegen sich bemühen.

Allein wird das unter allen Umständen gelingen? Und was dann wenn es in einem gegebenen Zeitpunkte nicht gelänge?!

Die Verfasser der Sauerbrunner Denkschrift vom Sommer 1862 haben Herrn von Forgách zugerufen: „Was bedenkst du dich so sehr den ‚legalen Boden' der Achtundvierziger Gesetze zu betreten? Sieh sie dir nur einmal näher an! Der §. 6 des III. Artikels, wie elastisch! Der §. 8 desselben Artikels, wie elastisch! Die §§. 13 und 20 ebenda, wie elastisch! Du kannst aus ihnen machen was du willst; du mußt sie nur gehörig zu behandeln wissen! ‚Daß die ungarischen Minister im Jahre 1848 bei der Schwäche der Wiener Regierung diesen Gesetzen eine andere Deutung gaben, beweist nichts‘. Und sollte die Regierung, ‚auf dem legalen Boden stehend‘ und ‚gestützt auf die Elasticität der §§. 6, 8, 13, 20 Artikel III der Achtundvierziger Gesetze‘, nicht die Kraft haben dieselben nach ihrer Auffassung durchzuführen"?! . . .

Nun ist zwar die ganze Grundlage dieser Argumentation eine falsche; denn die angeführten Paragraphe sind trotz ihrer „Elasticität" durchaus nicht so unschuldig als die Sauerbrunner Herren dem damaligen ungarischen Hofkanzler wollten glauben machen.

Doch sei's darum, was folgte daraus? Nichts anderes als dies: Daß die sogenannten Achtundvierziger Gesetze, wenn die Zeiten ruhig und wenn die geeigneten Männer vorhanden sind mit jenen Paragraphen klug und geschickt zu hantiren, keine von den Gefahren mit sich führen die sie damals in ihrem Gefolge hatten. Aber dann folgt ja, per contrarium, eben so sicher daraus: daß, wenn die Zeiten unruhig und die rechten Männer **nicht** am Platze sind, alle die Gefahren wiederkommen können, ja müßen, die mit der berüchtigten Unabhängigkeits-Erklärung ihren Gipfelpunkt erreichten!

Nein, ihr Herren, ein für allemal sei es euch gesagt, wir verlangen uns keine Gesetze aus denen man, wenn es gut geht, einen willfährigen Jungen machen, aus denen sich aber, wenn es schief geht, ein unbändiger Range herauswachsen kann. Wir wollen in unserer innern Politik überhaupt weder von Gummi-elasticum noch Guta Percha etwas wissen; wir wollen Normen und Formen die ein für allemal jeder gefährlichen Deutung und Dehnbarkeit entrückt sind; wir wollen ver=

fassungsmäßige Einrichtungen und Schutzmittel aus Erz und Quadern in deren Bereich wir allen Eventualitäten, die ein stets bewegtes inneres Staatsleben oder irgend eine Gefahr von außen herbeiführen möchte, mit Ruhe und Sicherheit, und daher mit selbstbewußter ausdauernder Kraft entgegenblicken können.

Und welches waren denn, ihr Herren von der s. g. conservativen Seite, eure Mittel und Waffen womit ihr, jetzt wo noch alles gut ging, die Angriffe eurer Thronstürmer abwehrtet und zurückschlugt?

Mitunter treffend, oder doch geschickt.

Zum Beispiel die Antwort Deák's am 3. August 1868 in der Wehrgesetz-Debatte, als er die Gegner des Wehrgesetz-Entwurfes mit der Ausführung des Satzes entwaffnete: daß durch die fragliche Gesetzes-Vorlage die ungarische selbständige Armee nicht aufgegeben werde, weil eine selbständige ungarische Armee niemals existirt habe. Das war mannhaft und loyal gesprochen und traf den Nagel auf den Kopf!

Oder am 1./2. Juni 1869 die Replik des ungarischen Minister-Präsidenten an die wir uns jederzeit mit erneutem Vergnügen erinnern, als ein certus quidam der Opposition die Frage aufwarf, warum doch Ungarn noch immer nicht seine eigenen Gesandten an auswärtigen Höfen habe: „Was sollte wohl ein eigener ungarischer Gesandte neben dem österreichischen?" erwiederte Graf Andrássy Gyula. „Haben beide gleiche Instructionen, dann ist einer überflüssig; haben sie verschiedene Instructionen — dann sind beide überflüssig". Das traf zwar nicht den Kern der Sache — denn der wäre gewesen, daß Ungarn seit 1526 mit den auswärtigen Angelegenheiten für sich allein nichts mehr zu schaffen hatte —; aber es war ein argumentum ad hominem, geistvoll und gewandt wie sich kein treffenderes ersinnen läßt.

Allein die ungarischen Männer der Regierung waren nicht immer so glücklich mit ihren Erwiederungen.

Wie etwa, wenn derselbe ungarische Minister-Präsident am 22. April 1869 den mehr erwähnten Fahnenstreit mit der Bemerkung von der Hand zu weisen suchte: „Die königliche Burg von Ofen ist kein öffentliches Gebäude und die auf derselben wehende Fahne ist eine Privat-Fahne. Ich bin zwar in der Heraldik nicht bewandert; nichts destoweniger glaube ich daß diese Fahne keine österreichische, sondern eine Fahne Sr. Majestät ist; es ist die Fahne der Dynastie, die bedeutet daß das Oberhaupt beider Reichshälften dort seinen Sitz habe". Und in gleichem Geiste meinte aus gleichem Anlasse ein späterer ungarischer Minister-Präsident: „Die schwarz-gelbe Fahne sei die Fahne des regierenden Hauses, und Sr. Majestät könne das Recht nicht streitig gemacht werden dieselbe aufzuhissen".

Oho, Ihr geehrten Excellenzen, so weit sind wir, Gott sei gedankt, denn doch noch nicht daß unser und Euer kaiserlicher Gebieter es als Gunst und Großmuth hinzunehmen brauchte daß man ihm gestatte auf dem Ofner Schloße seine „Privat"-Fahne, sein „Familien"-Banner auszustecken! Wenn unseres Kaisers Majestät einem seiner Königreiche die Gnade erweist in dessen Hauptstadt sein Hoflager aufzuschlagen, dann ist er dort nicht Gast, sondern Herr, und ist das Gebäude welchem diese Ehre widerfährt ein „öffentliches" Gebäude im eminenten Sinne des Wortes, nicht etwa eine „Privat"-Villa wo der Hausherr einen beliebigen bunten Fetzen aushängen läßt um von fern kommenden Freunden und Bekannten anzuzeigen daß er bei Hause sei und empfange; dann ist es der Monarch, der Träger der Majestät dem Sie, Herr Graf Andrássy Gyula und Herr Baron Wenkheim Béla, mit allen Ihren Landsleuten die geziemende Huldigung darzubringen haben. Wenn Sie, Herr Graf Andrássy Gyula, nicht in der Heraldik bewandert sind — und so viel, oder richtiger gesagt, so wenig Wappenkunde dürfte man von dem Minister-Präsidenten eines der Länder Sr. Majestät immerhin erwarten! — so werden Sie doch aus der Geschichte ihres Heimatlandes so viel wissen, daß ein Graf Montecuccoli, ein Graf Salm, ein Guido Stahrenberg, ein sicherer Prinz Eugenius, und wie sie alle hießen die Helden und Ritter die auf dem blutgetränkten Boden Ihres Vaterlandes Leib und Glieder opfermuthig in die Schanze schlugen, keineswegs „Privat"=Diener eines Herrn Leopold oder Herrn Joseph oder Herrn Karl Habsburg, sondern Generale und hohe Würdenträger Ihrer Kaiserl. Königl. Majestäten Leopold I. Joseph I. Karl VI waren, und daß sie alle das schwarz=goldene Banner — nicht das „schwarz=gelbe" — als Sinnbild und Zielstern anerkannt und hoch in Ehren gehalten, daß sie es auch wohl selbst in die Hand genommen und ihren Truppen voran= getragen haben um Ihnen eine Ihrer an die Türken verlorenen Städte und Landstriche zurückzuerobern! Nein, Herr Graf Andrássy Gyula und Baron Wenkheim Béla, Schwarz=Gold ist weder die „Privat"= Farbe Eures Kaisers und Herrn, noch die Farbe der Dynastie. Die Farben der Dynastie, Ihr Herren, sind Roth=Gold, der habsburgische rothe Löwe im goldenen Feld, und Weiß=Roth=Gold, die lothringischen drei weißen gestümmelten Adler auf rothem Schrägbalken im goldenen Feld. Schwarz=Gold sind die Farben jenes Großstaates dem Ihr seit vierthalbhundert Jahren das Glück habt anzugehören, jenes ge= waltigen schwarzen Doppeladlers im goldenen Feld, dem Ihr beiden Herren es vielleicht zu danken habt daß Eure gräflichen und frei= herrlichen Geschlechter heute noch aufrecht sind und blühen; dem der weitaus größere Theil Eurer Landsleute es zu danken hat daß sie nicht heute eine von dem fanatischen Muselmann gedrückte und geschundene Rajah sind und gleich den armen Hercegovinern und Bosniern um eine menschliche Existenz ringen müßen; dem Euer Land endlich es zu danken hat daß es mit seinen partibus annexis groß und mächtig dasteht und fähig ist, den andern Erbstaaten Eures Monarchen, die um Euretwillen Jahrhunderte hindurch Geld und

Blut beigesteuert haben, jetzt ein Paroli zu bieten. Das, Ihr Herren und Eure Nachfolger im ministeriellen Ehrensitz, wollet Euch ein für allemal in's Gedächtnis rufen, und wenn wieder einmal ein Herr X oder Y oder Z mit einer an etwas anderes streifenden Impertinenz sich er . . . lauben sollte zu fragen was das schwarz-goldene Ding auf dem geordneten Steinhaufen, den man die Ofener Königsburg nennt, zu bedeuten habe, so werdet Ihr die Gefälligkeit haben ihm jene Verhältnisse auseinander zu setzen und ihm dabei zu sagen, daß dankbares Erinnern an empfangene Großthaten niemals vermehrt, daß aber Undank unter allen Umständen schändet!

* * *

Wir haben uns, gegen unsern besten Vorsatz, etwas in die Hitze hineingeredet, allein es ist bei manchen Dingen schwer kühl zu bleiben. „Es hat", um ein Börne'sches „Motiv" zu benützen, „jede Nation das Recht selbstgefällig und anspruchsvoll zu sein; doch selbst Rechte müßen mit Einschränkung gebraucht werden". Was aber wir seit nahezu zehn Jahren aus dem Lande der Attilas und Kalpaks zu hören bekommen, heißt von dem angebornen Rechte der Nationen auf Eitelkeit und Anmaßung schrankenlos Gebrauch machen.

Geärgert und gereizt von den exorbitanten Prätensionen, die von Zeit zu Zeit immer wieder aus den Pester Berathungssälen zu uns herübertönten, haben wir uns mit Erstaunen gefragt: wo sind doch die geschichtlichen Thatsachen, wo sind die staatsrechtlichen Vorgänge welche die Männer des großen Wortes in Ungarn anrufen können um für ihr Heimatland eine so übermüthige Stellung im Bereich der österreichischen Länder zu beanspruchen? Das Gebiet der St. Stephans-Krone ist in den Kreis des Habsburgischen Länderverbandes unter keinem andern Titel und in keiner andern Weise eingetreten als jenes der St. Wenzels-Krone. Von inneren Aufständen und Parteiungen zerrißen, bis auf einen schmalen westlichen und nordwestlichen Landstrich unter türkischer Botmäßigkeit, ist es nach jahrhundertlangen Kämpfen großentheils mit erbländischer und deutscher Reichshilfe allmälig wieder zusammengeflickt und zu dem gemacht worden was es heute ist. Noch in den ersten Decennien des vorigen Jahrhunderts war die Türkennoth so constant und imminent, daß die Ungarn, wie wir gesehen, von den Verhandlungen über die Pragmatische Sanction nichts wissen wollten wenn ihnen nicht die Bürgschaft des „indivisiblen" und „inseparablen" Beisammenseins mit den übrigen Erblanden gegeben würde, damit diese ihnen als „Vormauer der Christenheit" nöthige Hilfe und Beistand leisten möchten. Eben um dieses sie schützenden Verbandes willen sind sie dann im Jahre 1740 in einem ewig schönen Momente opferwilligster Begeisterung für den Thron und die Rechte der gemeinschaftlichen Königin aufgestanden und haben derselben wohlbegründetes Erbthum von beutesüchtigen Angreifern säubern und zurückerobern geholfen. In gleich erinnerungs- und würdevoller Haltung haben sie dann, als dem gemeinsamen Staatsganzen von dem revolutionirten Frankreich Verderben ward und Untergang drohte, treu zu den mitverbündeten Erbländern gestanden und haben die wiederholten Verlockungen des ländergierigen Corsen, die Zeiten der Zápolya, der Bocskai, der Rákóczy aufzufrischen, von sich gewiesen. Und nach alle dem was vorangegangen, was sich geschichtlich und staatsrechtlich entwickelt hat, jetzt dies fortwährend prickelnde Gefühl abgesonderten Großmachtthums?! jetzt dies unausgesetzte Streben sich den mitverbundenen Theilen des großen Ganzen gegenüber auf den politischen Isolir-Schemel zu stellen?! dies Jagen nach Abtrennung und selbständiger Unabhängigkeit?!

„Personal-Union"! Oder wie ihr, um euch nur ja nicht misverstehen zu lassen, pleonastisch hinzusetzt: „bloße" und „reine" Personal-

Union"! Am 30. October 1870 forderte Koloman Tisza im Wege einer Interpellation den damaligen Minister-Präsidenten auf, „durch Herstellung der Personal-Union einen Zustand herbeizuführen, der es möglich machte daß das Verfassungsleben Ungarns unberührt bleibe von den Vorgängen in den übrigen Ländern Sr. Majestät; der es möglich machte daß wir, durch consequentes Fernbleiben von i h r e n Angelegenheiten, jenen Ländern selbst den Vorwand nehmen unter welchem eine Einmischung in u n s e r e Angelegenheiten versucht werden könnte; der es ermöglichte daß, was immer eintreten möge, der ‚ungarische Staat' und ‚der ungarische Thron' die genügende Kraft und Stütze fänden sich gegen alle Eventualitäten zu schützen"? ... Ja, hat denn Herr Koloman Tisza als er jene Interpellation stellte, und haben all die Andern die bei verschiedenen Anlässen dasselbe Schlagwort in den Vordergrund schoben, auch nur einen Augenblick sich logische Rechenschaft zu geben versucht, was es unter heutigen Verhältnissen und Begriffen heiße, für das Gebiet der St. Stephans-Krone Personal-Union, „bloße" und „reine" Personal-Union zu verlangen?! Personal-Union hatte einen Sinn, wenn man es durchaus haben will, eine Art praktischer Bedeutung unter den Anschauungen und Umständen wie sie aus dem Mittelalter her und noch bis ins vorige Jahrhundert hinein bestanden. Ungarn hatte seine besondern Stände und Verfassung, Böhmen hatte es, Nieder-Österreich, Steiermark, Kärnten ꝛc. hatten es: das haben in der augenfälligsten Weise die Verhandlungen über die Pragmatische Sanction bewiesen. Sie hatten in der That nur den gemeinsamen Landesfürsten und waren im übrigen jedes für sich, wie ja z. B. damals selbst Zollschranken zwischen den einzelnen Ländern gegen einander bestanden. Aber was war damals der gemeinschaftliche Landesfürst?! Zwischen ihm und den einzelnen Landesvertretungen stand kein „verantwortliches" Ministerium. Er für Seine Person und in Seinen königlichen, erzherzoglichen, großfürstlichen, fürstlichen, markgräflichen ꝛc. Hofstellen,

Seinen Organen, war mit der unumschränkten Machtfülle alles dessen umkleidet, was die, nach heutigen Begriffen sogenannte Personal-Union zu einer thatsächlich sehr wirksamen und realen machte. Wie steht es aber mit alle dem heutzutage? Äußeres — verantwortlicher Minister! Krieg und Frieden — verantwortlicher Minister! Finanzen — verantwortlicher Minister! Zoll und Handel — verantwortlicher Minister! 2c. Verlangt ihr Ungarn also heute „reine" und „bloße" Personal-Union, dann verlangt ihr: Äußeres für euch: ohne und folglich denkbarerweise auch gegen das Äußere der andern Länder. Krieg und Frieden für euch: ohne und folglich denkbarerweise auch gegen Krieg und Frieden der andern Länder. Finanzen für euch: ohne und folglich denkbarerweise auch gegen die Finanzen der andern Länder 2c. Ihr verlangt also, um gleich die Sache in ihrer äußersten Spitze hinzustellen, daß der sogenannte gemeinschaftliche Herrscher denkbarerweise mit sich selbst zerfallen und in seiner einen Reichshälfte mit seiner anderen Reichshälfte in Hader und Krieg verwickelt werden könnte. Das heißt, wohlgemerkt, nicht etwa wie in den Jahren 1848 und 1849 wo der Monarch mit den Streitkräften seiner treugebliebenen Länder die Streitkräfte der aufständischen Unterthanen in seinen anderen Ländern zu paaren trieb, sondern so, daß die eine vollkommen loyale Reichshälfte der andern vollkommen loyalen Reichshälfte, wegen im Wege des Einverständnisses nicht zu begleichender Differenzen, den Frieden kündigte! .. Nun, wenn das nicht der tollste Unsinn ist den je ein menschliches Gehirn ausgebrütet hat, dann weiß man nicht was überhaupt noch als Unsinn gelten soll.

Doch mit der Logik allein ist's nicht einmal abgethan. Wie steht es mit den thatsächlichen Verhältnissen? Wohl, ihr Herren, der Türkennoth wäret ihr glücklich los. Der gefürchtete Sultan und seine martialischen Groß-Beziere von ehedem sind bescheidene Leute geworden, die es nur dem Dis-Concert der europäischen Diplomatie verdanken daß man sie diesseits des Hellesponts und des Bosporus noch bestehen läßt. Nichts mehr hat der Magyar von dorther zu fürchten, und mit verschränkten Armen kann er zuschauen wie sich eine arme Rajah um ihr Recht, um Schutz gegen Menschenraub und Steuerdruck, um ein nur halbwegs erträgliches Dasein herumschlägt. Aber, ihr Herren Magyaren, würde nicht, wenn euch das Unglück träfe euren Wunsch nach Selbständigkeit und Unabhängigkeit erfüllt zu sehen, eine ungleich größere Gefahr euch an den Leib rücken? Wenn heute Österreich zerfiele, wäret ihr morgen eine Beute der Völker! Nicht Vormauer gegen die Türken wäret ihr dann, aber Zwischenmauer zwischen dem Deutschthum und dem Russenthum, die beide, in dem ungemessenen Drang alles stammverwandte an sich zu ziehen, auf euren Gefilden die große Entscheidungsschlacht schlagen würden, die entweder die Donau zum „deutschen Strom" macht bis zum „deutschen Städtekranz" am schwarzen Meer, oder die Gränzen des moskovitischen Weltreichs bis zum Fichtelgebirg und zum Triglav vorschiebt. Und der Magyar? Wer würde sich da kümmern um ein Volk von ein paar Millionen Köpfen! Zerdrückt und zerquetscht würdet ihr werden in dem Aneinanderprallen der beiden Völker-Kolosse, untersinken und untergehen würdet ihr entweder in dem germanischen oder in dem slavischen Ocean. Über den zuckenden Leichnamen eurer gefällten Führer würde der übermüthige Eroberer sein Siegesmal halten, wie vor so und so viel hundert Jahren Abdallah der Abasside auf den röchelnden Leibern der erschlagenen Ommajaden die Tafel decken ließ. Euer Volk, dem schon euer Landsmann den ihr den „Großen" nennt, den kärglichen Kindersegen mitten unter Stämmen von üppiger Zeugungskraft warnend vorgehalten, würde auf den Aussterbe-Etat gesetzt werden und die von Jahr zu Jahr sich vermindernde Schaar seiner Kinder zigeunernd unter den Wohnplätzen andersprachiger Völker ein unbeneidetes Dasein fristen sehen, bis sie von diesen ganz aufgesogen und verwischt wären.

Eure Sprache würde den lebendig-begrabenen beigezählt werden, die Schriften eurer Dichter und Gelehrten würden neben der Sanscrit- und der Keilschrift-Literatur abseitige Schränke in den Bibliotheken füllen, nicht mehr das schöne volltönende Organ geistvoller Redner und hinreißender Mimen, sondern das anatomische Präparat irgend eines an Zuhörern armen Professors der Philologie oder das Steckenpferd eines harmlosen Stubengelehrten den die praktische Welt mitleidig über die Achsel ansieht: „'s ist ein Kauz der eine alte Sprache treibt, ‚magyarisch‘ glaube ich heißt sie"....

Traun, ihr Herren Magyaren, ihr sitzt im Glaskasten und müßt euch hüten mit Steinen zu werfen. Oder, mit Stephan Szechényi zu reden, ihr lebt „unter strohartigen Umständen" und sollt nicht mit Zündhölzchen spielen! Oder endlich, in trockener Prosa gesprochen: die Dinge stehen mit euch heute wie sie vor hundertundfünfzig Jahren gestanden hatten. Ihr braucht uns bei weitem mehr als wir euch brauchen. Wir brauchen euch um der Großmachtstellung unseres Gesammtstaates willen, aber ihr braucht uns um eurer einfachen Existenz willen!

* * *

Doch fort mit diesen grausen Einbildungen die ja doch nie leibhafte Gestalt annehmen werden! Wenn heute unter veränderten Namen und Rollen die Zeiten des großen Erbfolgekrieges oder einer herrschsüchtigen Eroberungs-Politik wiederkehrten, würden die Ungarn wie damals wie ein Mann sich erheben, mit zu stehen und mit zu kämpfen in den Reihen der übrigen österreichischen Völker, um die dem gemeinsamen Ganzen drohende Schädigung abzuwenden, den habgierigen Angriff zurückzuweisen. Zwar würde es aus dem feindlichen Lager an Verlockungen zum Abfall nicht fehlen, wie es daran 1859 und 1866 nicht gefehlt hat. Aber die Aristen der Nation, ganz abgesehen von ihrer gerühmten Ritterlichkeit und Loyalität, würden klug genug sein um vorauszusehen daß man den Verräther nur so lang liebkost und in Ehren hält so lang man ihn braucht, daß man aber, sobald man über seine Schultern die Zinnen erklommen, ihn wegstoßt und verwirft. Auch ist das letzte Ziel des in solchen Zeitläuften immer wieder auftauchenden Feldgeschreies „Delenda Austria" zu wenig verhüllt, um den besonnenen ungarischen Patrioten darüber täuschen zu können welche Rolle seinem Vaterlande vor, und welche demselben nach gelungenem Werke zufallen würde.

Allerdings, diese ungarischen Patrioten so besonnen, jene Aristen der Nation so ritterlich und loyal sie sein mögen, eines bringen sie alle zusammen nicht übers Herz: ihren Landsleuten die ungeschminkte Wahrheit zu sagen! Vergebens haben wir diese zehn Jahre darauf gewartet, haben mit aufmerksamem Fleiße Candidaten- und Programm-Reden, Minister- und Parlaments-Verhandlungen verfolgt, ob nicht doch einer unter den vielen den Muth haben würde, sein Volk mit ausgiebigem Nachdruck an die Rücksichten zu mahnen die es dem großen Ganzen schuldet in dessen schützender Umfassung es sich so großer Begünstigungen in politischer und nationaler Linie erfreut; ihm vorzuhalten wie ungerechtfertigt und unbillig es im Grunde sei eine „Parität" an Rechten gegenüber einem Länder-Complex in Anspruch zu nehmen der es, in allem was bewegende Kräfte und Leistungen betrifft, so weit hinter sich zurückläßt; ihm den kostspieligen, an Erinnerungen unzweideutigster Art so reichen und eben darum so gefährlichen Apparat einer eigenen Honvéd-Armee aus dem Sinne zu reden ꝛc. Selbst der beredteste geistvollste unter den ungarischen Conservativen hat es bis zur Stunde nicht weiter bringen können als die Erhaltung des augenblicklich Bestehenden, soweit dasselbe den Wortlaut der jüngsten Abmachungen für sich hat, zu verlangen, nur vor einem Überschreiten dieser Gränze zu warnen.... So sind es denn wir denen die

Aufgabe zufällt an die Beantwortung der Frage zu schreiten die den Haupt= und Schlußpunkt unserer gegenwärtigen Erörterungen zu bilden hat:

Worin soll die Revision des ungarischen Ausgleichs bestehen? Auf welche Punkte der Abmachungen von 1867 und 1868 soll sie sich beziehen? Welches soll der leitende Gedanke dabei sein?

Wohl sind wir Andern bei einer glücklichen Lösung des obschwebenden Zweifels nicht weniger interessirt als unsere ungarischen Mitbürger und Nachbarn. Fern sei es von uns, aus Misgunst und nergelndem Neid an der bevorzugten Stellung mäkeln zu wollen die eine Verkettung geschichtlicher Ereignisse Ungarn den übrigen Ländern unserer Monarchie gegenüber zugewandt hat, und noch weniger ist es mindere Neigung gegen die magyarische Nation von der wir uns beeinflußen lassen. Wir lieben den Magyaren um aller jener Eigenschaften willen die uns sein entgegenkommendes Wesen, seinen offenen Charakter, seine unbefangene Zuthunlichkeit sympathisch machen; wir achten, wir ehren sein warmes Heimatsgefühl, sein nationales Selbstbewußtsein das sich in der Erscheinung selbst des ärmsten Csikos und Betyaren abspiegelt; wir bewundern jene leidenschaftliche Kraft und Ausdauer mit welcher sein Volksstamm, ein wilder Reiterschwarm mitten in unverwandte Nationen hineingestellt, unter schwierigen und wechselvollen Schicksalen nicht blos seine scharf ausgeprägte Persönlichkeit zu behaupten, sondern die Herrschaft derselben wiederholt andersprachigen kleineren und größeren Gebieten aufzuerlegen, sich selbst endlich, ursprünglich einem Fremdling und ungebetenen Gast in der europäischen Völker=Familie, einen auszeichnenden Platz in unserem Welttheile der Bildung und Gesittung zu erringen wußte. Allein über alle Anerkennung, die wir unserem magyarischen Staatsgenossen willig zollen, können wir zuletzt doch nicht vergessen was wir Andern uns selbst schuldig sind. Denn es bedarf wohl nicht erst des Beweises daß, um was man Ungarn bisher mehr Vortheile zukommen ließ, um eben so viel die übrigen Länder in Nachtheil gesetzt wurden; daß der Luxus, den sich der Ungar unter den bestehenden Verhältnissen zu seinen eigenen Gunsten erlauben durfte, in letzter Linie auf Kosten des Nicht-Ungarn ging; daß z. B. um was der Honvéd mehr kostete als nach einem allgemeinen Maßstabe auf Landwehr und Reserve entfallen sollte, oder um was der Status und die Besoldung des ungarischen Beamtenkörpers in irgend einem Ressort glänzender bedacht war als die durch denselben zu bewältigende Arbeit billigerweise erforderte, um eben so viel das Land Ungarn weniger zu den gemeinsamen Staatskosten beitragen konnte und der betreffende Ausfall daher durch die finanzielle Anstrengung der andern Theile des Reiches gedeckt werden mußte. Und wenn nun der Ungar, als sei er es der über Beeinträchtigung zu klagen hätte, daher kommt und spricht: Ich kann nicht mehr dreißig Percent zum gemeinsamen Besten beisteuern, ich kann nur zwanzig, ich kann nur fünfzehn hergeben, sollen dann wir Andern nicht von ihm verlangen dürfen daß er uns Rechnung lege wie er das ihm geliehene Pfund verwerthet? sollen wir den Ansprüchen seines politischen Ausgleichs nicht die Forderung eines ziffermäßigen Ausgleichs entgegenstellen dürfen?

Doch nein, so weit wollen wir nicht einmal gehen! Nicht in die innern Verhältnisse Ungarns als solche wollen wir uns mischen, deren Anordnung und Regelung seiner eigenen Einsicht überlassen bleibe. Nur eine Verkürzung und Schädigung unserer eigenen Interessen wollen wir uns vom Leibe halten, zugleich aber Ungarn um seines dauernden Heiles willen mahnen und warnen daß es in seinen uns gegenüber zu stellenden Ansprüchen nicht blos nicht weiter gehe als damit in den Jahren 1867/8 gegangen wurde, sondern daß es, aus Gründen die wir ihm nachweisen, aus Erwägungen die wir ihm vorhalten werden, mit den damals verlangten und in einem Zeitpunkte von Überstürzung voreilig ihm gemachten Zugeständnissen bis zu jenen Gränzen zurückgehe, innerhalb deren jenes große Ganze, dessen Gesammtwohlfahrt die Wohlfahrt aller seiner Angehörigen und Bestandtheile bedingt, zu bestehen und zu gedeihen vermag.

Welches sind diese Gränzen?

In staatsrechtlicher Hinsicht: Der Standpunkt, der Geist und die Grundsätze der Pragmatischen Sanction.

Vom geschichtlichen Standpunkte: Die Erfahrungen der Jahre 1848 und 1849.

Ungarn wird und kann die maßgebende Bedeutung weder des einen noch des andern dieser beiden Momente in Zweifel ziehen.

Des ersteren nicht, weil sich die Gesetz-Artikel vom 31. August 1867 selbst und von Grund aus als „von den Principien der als gegenseitige Rechtsbasis anerkannten Pragmatischen Sanction ausgehend" hinstellen, und sich im Eingange sowohl als in den Paragraphen 1, 2, 3, 4, 6, 7, 8, 18, 23 ꝛc. ꝛc. ausdrücklich darauf berufen. Wenn sich daher bezüglich dieses oder jenes Punktes des Siebenundsechziger Ausgleiches nachweisen ließe, daß jene Berufung eine nicht stichhältige gewesen sei; daß selbe auf einer irrigen Auffassung der Pragmatischen Sanction beruht habe; daß wohl gar aus der Grundlage, dem Geist und Ursprung dieser feierlichen Staatsacte das gerade Gegentheil dessen folgte was man im Jahre 1867 daraus abzuleiten sich berufen geglaubt, so würde sich daraus die unausweichliche Consequenz ergeben, daß Ungarn von seiner diesbezüglichen Forderung ablassen muß.

Aber auch des zweiten nicht! Denn der sein Heimatland liebende Ungar hat es nur zu wohl im Gedächtnisse zu welchen für ihn höchst unangenehmen Consequenzen die Ereignisse der Jahre 1848 und 1849 geführt haben: zu einer ununterschiedlichen Einverleibung des Gebietes der St. Stephans-Krone in den Bereich der übrigen Bestandtheile des Kaiserstaates; zur Abschaffung der von dem Magyaren mit der ganzen Glut seiner Seele angestrebten „diplomatischen" Hegemonie seiner Sprache über jene der andern Nationalitäten des Landes; zum vollständigen parlamentarischen Stillstand endlich. Der sein Heimatland liebende Ungar wird sich aber auch sagen daß, wenn man die 1867er Artikel in ihren gefährlichen Auswüchsen eben so wuchern ließe wie die s. g. Achtundvierziger Gesetze; wenn es folglich im Laufe der Jahre abermals zu einem so klaffenden Risse zwischen den ungezähmten Ausschreitungen des Magyarismus und den berechtigten Ansprüchen der Dynastie, der übrigen Bestandtheile der Monarchie und der andern Nationalitäten Ungarns käme wie damals; wenn dann neuerdings bewaffnetes Einschreiten und gewaltsame Niederwerfung der widerstrebenden Elemente erfolgen müßte, durchaus keine Bürgschaft vorhanden wäre, daß es vielmehr alle Wahrscheinlichkeit für sich hätte, daß der wiederbezwungene Magyarismus und dessen Territorium nicht in bei weitem unglimpflicherer Weise würde behandelt werden als da dies zum erstenmal der Fall gewesen.

Von solchen Erwägungen ausgehend wird der sein Heimatland liebende Ungar

I. vor allem andern auf eines wieder verzichten müßen, was freilich seiner Eitelkeit bisher gar sehr geschmeichelt hat, was aber ohne Frage die gefährlichste aller Errungenschaften des Ausgleiches von 1867 ist: wir meinen die Honvéd-Armee und folglich den ungarischen Landesvertheidigungs-Minister.

Beides lauft dem Geiste und den Bestimmungen der Pragmatischen Sanction schnurstracks zuwider.

Und zwar in zweifacher Hinsicht.

Einmal bedarf es wohl keines weitläufigeren Nachweises daß zu der ungetheilten und unauflöslichen Verbindung, zur „indivisibilis et inseparabilis unio" aller kaiserlichen Erbländer in erster Linie die ungetheilte Einheit der Armee gehört, wie solche von jeher seit 1526 selbstverständlich und von keiner Seite angefochten bestanden hat.

Dann aber: Was soll es mit dieser sogenannten „Landes=vertheidigung"?

Gegen den äußeren Feind? Dazu ist die kaiserliche Gesammt=Armee da, und kein Theil derselben, folglich auch nicht die dermalen thatsächlich bestehende Honvéd=Armee, kann in vorhinein für dieses oder jenes besondere Stück Arbeit ausersehen sein. Wollte man auf die Tyroler „Landesvertheidigung" hinweisen, so ist — abgesehen davon daß sich Reminiscenzen etwas andern Charakters an das Tyroler Auf=gebot als an die ungarischen Honvéds knüpfen! — dagegen erstens die ganz ausnahmsweise Stellung und Beschaffenheit jenes Gebirgs=landes zu beachten, und andererseits nicht zu übersehen daß ja die Tyroler Landesvertheidigung in allem und jedem innerhalb des Rahmens der allgemein österreichischen Heeresverfassung unter unmittelbar kaiserlichem Gesetz und Gebot steht.

Also gegen irgend einen inneren Feind? Etwa „zur Ver=theidigung der Verfassung"? Das hieße mit andern Worten: zur Unterstützung irgend einer misvergnügten, unter gewissen Umständen zur Macht gelangenden Partei? Oder mit noch andern: zur Nährung eines Bürgerkrieges? Aber gerade dieser Eventualität suchte ja die Pragmatische Sanction in der allerentschiedensten Weise vorzubeugen! Nachdem schon im Jahre 1687 nach Be=freiung ihres Landes vom türkischen Joche die Ungarn auf das im Artikel XXXI der Goldenen Bulle ihnen gewährleistete Recht bewaff=neten Widerstandes gegen eine vermeintliche Verfassungs=Verletzung feierlich verzichtet hatten; nachdem in den Propositionen von 1712 die Erhaltung der öffentlichen Ruhe und eines beständigen Friedens, „publica quies, pax constans", als einer der Hauptzielpunkte des großen Einigungswerkes („ex eo quod Hungaria cum iisdem Provinciis et Regnis in perpetuum conjungeretur") hingestellt worden war, erklärten sich die Magnaten und Stände im §. 4 der „Praefatio" zu den Gesetz-Artikeln von 1722/3 bereit, dem Wunsche des Kaisers nachzukommen: „daß dieses Erbkönigreich von nun an durch alle künftigen Zeiten vor aller Verwirrung und Gefahr bewahrt und gegen jede Art verhängnisvoller innerer Bewegungen in allen möglicherweise vorkommenden Zufällen sicher und geschützt sein möge — ut proinde futuris quibusvis temporibus ab omni confusione et periculis haereditarium hoc... Regnum praeservari ac.. adversus.. quosvis.. fatales internos motus in omnes eventuales casus tutum et provisum reddi ... valuisset".

Wenn sich somit aus der Genesis und den Grundsätzen der Pragmatischen Sanction die Unstatthaftigkeit eines abgesonderten ungarischen Bestandtheiles der allgemein-österreichischen Armee ergibt: so sind es die Ereignisse der Jahre 1848 und 1849 welche gerade in diesem Punkte in der eindringlichsten Weise vor der Fortbelassung eines ungarischen s. g. Landesvertheidigungs-Ministeriums warnen, ja welche 1867 die Ungarn selbst davon hätten abhalten sollen sich ein so verhängnisvolles Geschenk wieder machen zu lassen. Denn auch das Achtundvierziger s. g. Kriegs-Ministerium war seinem Geiste und Zwecke nach nur zur Organisirung der Nationalgarde, der inneren Landesvertheidigung bestimmt; doch wohin riß im Laufe weniger Monate das parlamentarische Fieber den auf jenen Titel hin angestellten Minister mit sich fort?! Zur Schöpfung einer Honvéd-Armee, zur Verschmelzung derselben mit den im Lande befindlichen k. k. ungarischen Regimentern, zur Bildung einer revolutionairen Kriegsmacht! Will es der besonnene ungarische Patriot auf eine Probe ankommen lassen ob, wenn wieder unruhige Zeiten kämen, wenn etwa eine von außen drohende Gefahr alle Misvergnügten im Lande zu ungestümerem Troh, zu kühneren Wagnissen reizte, die Dinge im Lande sich anders entwickeln würden als in der unheilvollen Weise von damals?

II. Die ungeschwächte Einheit der Gesammtkriegsmacht des Staates insbesondere, aber auch die von der Pragmatischen Sanction geforderte und feierlich verbürgte Einheit Untheilbarkeit und Untrennbarkeit des Reiches überhaupt bedingt des weiteren: die Einheit und Ungetheiltheit des Staats-Credits und die gemeinschaftliche Bürgschaft und Tragung der Staatsschuld.

Im §. 54 der Gesetz-Artikel vom 31. August 1867 heißt es, Ungarn könne „kraft seiner verfassungsmäßigen Stellung" solche Schulden „welche ohne die gesetzliche Einwilligung des Landes contrahirt wurden" strenggenommen nicht anerkennen, jedoch aus Gnade und in einer Anwandlung von Großmuth, wie uns §. 53 nicht undeutlich zu verstehen gibt, wolle es sich „über das Maß seiner gesetzlichen Pflicht hinaus" zu einem aliquoten Beitrage herbeifinden 2c.

Wahrhaftig, es ist schwer zu glauben daß ernste Männer eine solche Behauptung ernst gemeint haben! Aber noch schwerer zu begreifen ist es, wie man sich in den damaligen Bureaux am Ballplatze und in der Himmelpfortgasse Ungereimtheiten solchen Calibers ruhig an den Kopf konnte werfen lassen!

Ungarn wurde nicht gefragt wenn eine Staats-Anleihe eingegangen wurde! Ja, wurde denn Böhmen gefragt? Oder wurden die inner-österreichischen Länder gefragt? Wurden Galizien oder Tyrol gefragt? Nein! Warum nicht? Ganz einfach weil sie nicht gefragt werden konnten! Einzeln nicht, weil die Angelegenheit die Einzelnen als solche nicht betraf, und gemeinsam nicht, weil es ein gemeinsames Vertretungs-Organ, wie etwa der Reichstag der Charte von 1849 oder der beabsichtigte Reichsrath des Februar-Patentes 1861, für den

Gesammtkörper der Monarchie nicht gab. Die Wahrung und Handhabung der Gesammtstaats-Interessen concentrirte sich eben, wie bereits wiederholt hervorgehoben wurde, in der Machtfülle des gemeinsamen Herrschers, dessen Allgemeine Hofkammer für die Deckung der finanziellen Bedürfnisse des Gesammt-Staatskörpers zu sorgen hatte.

Welches waren diese Bedürfnisse? Es waren Kriege (Pragmatische Sanction: „adversus omnem vim externam"), es waren Veranstaltungen zur Herstellung der inneren Ruhe und Sicherheit („adversus quosvis fatales internos motus"), es waren Maßregeln zur Förderung des gemeinen Besten im Großen, Erbauung von Eisenbahnen (Kübeck'sche Anleihen), Durchführung der Grund-Entlastung, Hebung der Handels- Verkehrs- und Kriegs-Marine u. dgl.

Auf welcher Grundlage wurde die Bedeckung dieser Bedürfnisse geholt und gefunden? Durch Benützung des böhmischen Credits? Oder des Wiener Credits? Oder des siebenbürgischen Credits? Nein, durch Benützung des gesammt-österreichischen Credits, der sich wieder stützte auf das in allen Theilen der Monarchie vorhandene Staats-Eigenthum und Einkommen, auf die sich über den ganzen Länderbestand vertheilende Productions- und Steuerkraft, in letzter Linie aber auf diesen Länderbestand selbst, das heißt auf die Zusammengehörigkeit aller der die österreichische Monarchie bildenden Königreiche und Länder. So kommt aber auch der Nutzen und Vortheil aus der Vertheidigung und Erhaltung der Monarchie gegen den äußern oder innern Feind, aus der Belebung und Sicherung des Personen- und Waaren-Verkehrs zu Land und zur See, aus der Förderung der Industrie und des Handels, dem Ganzen als solchen, und jedem Bestandtheile und Einzelngliede desselben nur durch seine Zugehörigkeit zu dem Ganzen, keineswegs als Eigenwesen für sich, zu statten.

Daraus folgt aber erstens daß sich ein einzelnes Glied des Ganzen der auf allen Bestandtheilen des letztern gemeinsam lastenden

Gesammt-Haftung und Bürgschaft für eingegangene finanzielle Verbindlichkeiten nicht entziehen kann. Es folgt aber zweitens daraus daß, wie rücksichtlich des Nutz und Vortheils, so auch rücksichtlich der Last und Haft von einem aliquoten Antheil der einzelnen Bestandtheile keine Rede sein kann, ganz abgesehen davon daß es bei Bestimmung eines solchen immer auf ein gehäßiges Feilschen, auf ein schwer zu vermeidendes Übervortheilen des einen Theiles durch den andern hinauslaufen müßte. Mit andern Worten: wie man beispielsweise kaum wird berechnen können, Böhmen habe $35^{1}/_{3}$ Percent Vortheil davon gehabt daß Ungarn in den Türkenkriegen nicht an den Sultan, oder Ungarn habe einen $27^{1}/_{2}$percentigen Gewinn daraus gezogen daß Böhmen im Erbfolge- und siebenjährigen Kriege nicht an Preußen gefallen, oder Nieder-Österreich mit Wien habe $48^{5}/_{8}$ Percent Nutzen daraus gezogen daß am Schluße der französischen Kriege die Gesammt-Monarchie größer und abgerundeter bastand als zu Beginn derselben, so muß es wohl in gleicher Weise als außerhalb ziffermäßiger Abgränzung liegend betrachtet werden, mit welchem percentualem Antheil, ein für allemal oder für einen Zeitraum von mehreren Jahren, ein Glied des Ganzen an den um des Ganzen willen eingegangenen pecuniairen Verpflichtungen mittragen solle.

Das Bedürfnis entsprang aus den Verhältnissen des Ganzen, der Credit zur Bedeckung desselben bezog sich auf das Ganze, die pecuniaire Schuld wurde für das Ganze und um des Ganzen willen eingegangen, es treffen daher auch Last und Haftpflicht nur das Ganze, und die einzelnen Länder nicht als solche, sondern nur als Glieder des Ganzen. Das heißt: es kann weder vom Belieben der einzelnen Länder noch von deren einseitigem Übereinkommen mit der Reichs-Finanz-Verwaltung abhängen ob und nach welchem Maßstab sie die gemeinsame Staatsschuld mitzutragen haben. Es liegt vielmehr der Natur der Sache nach jedem Theile des Ganzen ob zur Deckung der allgemeinen Staatsschuld so viel beizutragen als er eben kann und vermag, das heißt: sich in dem Maße als seine augenblicklichen Kräfte leisten können, und in dem Verhältnisse als auch von den andern Theilen nach ihren bezüglichen Kräften geleistet wird, an der diesbezüglichen Haft und Last zu betheiligen.

Die Ungetheiltheit der Staatsschuld ist eines der unbestreitbarsten Corollare der von den Ungarn aus Anlaß der Sanctions-Verhandlungen geforderten Untheilbarkeit und Untrennbarkeit der Länder des österreichischen Staats-Complexes.

III. Der §. 59 der Gesetz-Artikel vom 31. August 1867 bestimmt „daß rücksichtlich der commerciellen Angelegenheiten der ungarischen Krone einerseits und der übrigen Länder Sr. Majestät andererseits von Zeit zu Zeit ein Zoll- und Handels-Bündnis geschlossen werde". Dieses Bündnis ist am 24. December darauf mit dem Beisatze zum Abschluße gekommen, daß es nach Ablauf von zehn Jahren, und so auch in der Folge von zehn zu zehn Jahren, soll gekündigt oder erneuert werden können (Art. XXII), und bildet der bevorstehende Ablauf der ersten zehnjährigen Periode einen der gegenwärtigen Anläße zur Revision des ungarischen Ausgleichs.

Die Ungarn sagen: „Die Gemeinsamkeit der commerciellen Angelegenheiten folgt nicht aus der pragmatischen Sanction" (§. 58 v. 31. Aug. 1867). Wir erlauben uns das Gegentheil zu behaupten, und berufen uns zum Beweise dessen erstens auf die von den Ungarn selbst bei Einleitung der Sanctions-Verhandlungen geforderte Bürgschaft einheitlichen und ungetheilten Handels-Verkehrs durch das ganze Gebiet der Kaiserlichen Erblande — Propositionen von 1712 Punkt X —, so wie auf die Thatsache, daß nicht blos zur Zeit der Pragmatischen Sanction sondern durch ununterbrochene hundertundfünfzig Jahre darnach die Gemeinsamkeit der commerciellen Angelegenheiten bestand und von keiner Seite in Zweifel gezogen wurde. Man weise nicht auf die bis zum Jahre 1849 bestandene Zwischenzoll-Linie hin, denn solcher gab es bekanntlich in früherer Zeit zwischen fast allen österreichischen Ländern: aber sowohl diese als die ungarische, sie alle unterstanden einer und derselben cameralistischen Gesetzgebung, waren Ausflüße des Hoheitsrechtes des gemeinsamen Monarchen der sie aus eigener Machtvollkommenheit hier aufhob dort fortbestehen ließ, je nachdem es der Vortheil des Staatseinkommens zu verlangen schien.

Die national-ökonomische Seite der Frage in's Auge zu fassen ist nicht unsere Sache. Berufener fachmännischer Seite mag es anheimgestellt bleiben zu untersuchen:

ob und unter welchen Bedingungen man darauf eingehen könne Ungarn die Errichtung einer selbständigen Landesbank zu gestatten; was es mit der s. g. Achtzig-Millionen-Schuld an die österreichische Nationalbank für ein Bewandtnis habe und in wie weit Ungarn dabei in's Mitleiden zu ziehen sei;

in welchem Verhältnis das „Opfer", das Ungarn bei den derzeit bestehenden Vieh-Zöllen angeblich den andern österreichischen Ländern bringt, oder der „Tribut" stehe, den es dem Schutze der cisleithanischen Webe-Industrie mit jährlich fünfzehn Millionen Gulden zolle; und in wie weit es in national-ökonomischen Dingen überhaupt angehe daß ein Theil eines großen Volkswirthschafts-Gebietes sich aus einer nach einem allgemeinen Maßstabe getroffenen Maßregel seinen aparten Gewinn oder Nachtheil herausrechne; ob nicht vielmehr der einzig richtige Standpunkt die mehr oder minder auf alle Theile zurückwirkende Wohlfahrt des großen Staats-Ganzen dem sie angehören sein müße;

in welcher Beziehung unsere seit Jahren in erschreckender Weise sinkende auswärtige Handels-Bilanz zu der Zweitheilung unseres Handels- und Zollgebietes stehe, die, wie sich herauszustellen scheint, keine wetteifernde Rivalisirung sondern eher ein nergelnder Antagonismus zu nennen ist ꝛc. ꝛc. ꝛc.

Dies und manches andere, was von diesem Standpunkte zur Sprache kommen müßte, ist wie gesagt nicht unsere Sache, ist auch gewiß hier nicht das ausschlaggebende wo es sich um das historisch-staatsrechtliche Moment handelt. Wohl aber sind es die volkswirthschaftlichen Interessen, dieser hochwichtige Factor im heutigen Völkerleben, deren fieberhaftes Vibriren gerade aus Anlaß der fraglichen Erneuerung des seit 1867 thatsächlich bestehenden Verhältnisses uns die der ungetrübten Einheit unseres Gesammtstaates drohende Gefahr auf das dringendste nahelegt. Sind nicht schon hüben und drüben erbitterte Worte von Aufkündigung gegenseitiger Freundschaft und Zusammengehens gefallen, falls man sich der von der einen Seite hingestellten Forderung auf der andern nicht fügen wolle? Hat man jenseits der Leitha nicht neuerdings das Schlagwort der Personal-Union als alleinigen Segens für Ungarn vernommen, und wurde nicht diesseits der Leitha dasselbe Schlagwort, nur in anderer Meinung, nämlich als Fluch, den Ungarn zurückgeschleudert? War nicht schon, blos wegen der durch ein ungünstiges Zoll- und Handelsbündnis mit Ungarn dem nicht-ungarischen Erwerb und Verkehr drohenden Beeinträchtigung, vom „Zerreißen des Tischtuches" zwischen beiden Reichshälften „auch in politischer Beziehung" die Rede? Und mußten wir nicht von ungarischer Seite den Entschluß vernehmen auf die Verhandlungen wegen Abschlußes eines neuen Handelsvertrages mit Italien nicht eingehen zu wollen, so lang die Verhandlungen mit „Cisleithanien", natürlich im Sinne der von Transleithanien gestellten Ansprüche und Forderungen, nicht abgeschloßen seien?!

Die von der Pragmatischen Sanction ungarischerseits nachdrücklichst betonte Untheilbarkeit und Unabtrennbarkeit aller Theile des Reiches, die zufolge derselben Satzungen geforderte unter allen Umständen „zu erhaltende innere Ruhe — conservanda domestica tranquillitas", und die Reizbarkeit der durch das jüngste System in einen künstlichen Conflict versetzten und dadurch sich gegenseitig bedrohenden materiellen Interessen verlangen demnach unabwendbar die ungetheilte Einheit des Zoll= und Handelsgebietes und die einheitliche Wahrung der dahin gehörigen Angelegenheiten und Interessen.

IV. Die Siamesirung unserer seit dem Bestande des habsburgisch=lothringischen Staaten=Complexes aus einer Hand gestalteten und verwalteten commerciellen Angelegenheiten, das unbedachte Zugeständnis eines vertragsmäßigen handelspolitischen Verhältnisses zwischen dem s. g. Cis= und dem s. g. Trans=Leithanien, hat aber weiter dem seiner ganzen Anlage nach übergreifenden Ungar zu einer Prätension verholfen, die nicht blos völlig unbegründet, sondern — wir können keinen milderen Ausdruck gebrauchen — geradezu lächerlich ist.

Handel besteht, wie männiglich bekannt, zu Land und zur See. Zu Land war die „Parität" formell hergestellt, es fehlte die „Parität" zur See! Nun ist Ungarn von Haus aus Binnenland; das eigentliche Magyarien, und von diesem allein gehen ja alle Ueberschwänglichkeiten aus, seefernes Steppenland. Ungarn nennt nicht einen Millimeter Seeküste sein eigen, Ungarn hat nicht einen Fischernachen auf den salzigen Wellen, Ungarn hat nicht einen Seehafen. Denn man kann die Frage aufwerfen ob Fiume=Rieka mehr italienisch oder mehr kroatisch sei, aber keine Frage ist es daß es nicht magyarisch ist; durch die allen geschichtlichen Vorgängen zuwiderlaufende formale Annectirung des kroatischen Küstenlandes an Ungarn wird an dem Wesen der Sache nichts geändert. Das magyarische Ungarn liefert auch zum Officier=Corps unserer seit den Tagen von Helgoland und Lissa so glorreichen Seemacht, wo doch alle Stämme unserer Monarchie so zahlreich und ebenmäßig vertreten sind, ein verschwindend kleines Contingent. Und dieses selbe Ungarn konnte nicht blos die Prätension stellen, mit den übrigen Elementen der Monarchie, darunter den berufsmäßig seemännischen, den südslavischen und italienischen, auf gleichen Fuß gestellt zu werden, sondern konnte diesen nichtigen Anspruch mindestens theilweise in der Gewährung einer neuen Flagge, deren eine Hälfte die ungarischen Farben hält (Circular-Anweisung des Ministeriums des Aeußern an die k. k. auswärtigen Missionen vom 21. März 1869) zwar nicht realisirt — denn dazu fehlen Ungarn bis heute alle Factoren —, aber wenigstens **symbolisirt** sehen?!?

Mag es darum sein! Betrachten wir die Flagge unserer Handelsschiffe als Nebensache und gönnen wir unsern magyarischen Reichsgenossen in dieser Richtung ihre Errungenschaft! Doch keine Nebensache wäre es, sondern einen grundsätzlichen Hauptpunkt würde es treffen, wenn durch eine Schlußfolgerung a minori ad majus die gleiche Forderung ungarischerseits bezüglich der Kriegs-Marine gestellt werden sollte. In dieser Hinsicht muß mit aller Entschiedenheit darauf bestanden werden, daß die **ungetheilte Einheit der kaiserlichen Seemacht für immer unangetastet bleibe**.

V. Mit Allerhöchstem Handschreiben vom 14. November 1868 an den damaligen Minister des Kaiserlichen Hauses und des Äußern Freiherrn von Beust wurde, „den neugeordneten Verfassungs-Verhältnissen" entsprechend, die Einführung von „angemessenen Titulaturen und Bezeichnungen", und namentlich „zur Bezeichnung der Gesammtheit aller" unter dem Scepter Sr. Majestät „verfassungsmäßig vereinigten Königreiche und Länder" der Titel „Österreichisch-ungarische Monarchie" angeordnet; die auswärtigen Missionen sollten hinfort „Österreichisch-ungarische" Botschaften Gesandtschaften Consulate ꝛc. heißen, der Titel des Monarchen „Kaiser und König", in der Anrede „Kaiserl. und Königl. Majestät" lauten.

Unser Monarch ist allerdings „Kaiser und König" in Ungarn — aber das ist Er eben so in Böhmen, in Galizien, in Kroatien Slavonien und Dalmatien, so wie Er in Nieder- und Ober-Österreich Kaiser und Erzherzog, in der grünen Steiermark Kaiser und Herzog, in den tyroler Bergen Kaiser und Gefürsteter Graf, in Mähren Kaiser und Markgraf u. s. w. ist und heißt. Doch so war es ja mit jener ungarischerseits betriebenen Neuerung nicht gemeint! Nicht blos in Ungarn sollte unser gemeinschaftlicher Monarch „Kaiser und König" sc. von Ungarn heißen; auch in Böhmen, in den Erzherzogthümern, in Kärnten und Krain sc. soll er „Kaiser und König" sc. jenes von Österreich, dieses von Ungarn sein und heißen; unser Kaiserstaat sollte nicht mehr als einer gelten sondern das Wahrzeichen seiner jüngsten Zwiespaltung an der Stirn tragen; unsere diplomatischen Agenten hätten nicht mehr das Kaiserthum Österreich allein und als solches zu vertreten, sondern dasselbe mit dessen ungarischem Anhängsel, und letztern Umstand in ihrer Titulatur zu kennzeichnen! . . .

Dürfen wir in dieser Angelegenheit ab Imperatore male informato ad Imperatorem melius informandum appelliren? Oder haben wir uns nicht vielmehr an den Minister zu halten, unter dessen „verantwortlicher" Geschäftsführung eine so einschneidende Änderung in Scene gesetzt wurde? Kaiser Franz I. glorreiche Stiftung des österreichischen Kaiserstaates, unseres regierenden Monarchen feierliche Manifeste bei der Thronbesteigung, das Allerhöchste Diplom vom 20. October 1860, die alle nur von einer im Sinne der Pragmatischen Sanction ungetheilten und untrennbaren österreichischen Monarchie wissen, konnte das alles ein als Neuling in unsere Verhältnisse getretener „Reichskanzler" durch ein einfaches an sich stylisirtes Kaiserliches Handschreiben wett machen?

Doch weiter! Wann haben je die nicht-ungarischen Bestandtheile unserer Monarchie für sich „Österreich" geheißen? Seit Joseph II.

gibt es ein „Österreich" als Monarchie, seit Franz I. ein „Österreich" als Kaiserreich, aber beides für das Ganze des habsburgisch=lothringischen Länderbestandes: ein „Österreich" als Theilbestand, im Gegensatze zu dem Ländergebiete der ungarischen Krone hat es nie gegeben und gibt es nicht.

Und endlich: ist eine derartige neologische Bezeichnung nicht ganz dazu geschaffen, das magyarische Element in seinem Wahn eines „selbständigen" und „unabhängigen" Staatswesens zu bestärken und in dieser mehr als bedenklichen Richtung immer weiter zu treiben? Aus Anlaß der neuen Flagge unserer Handels-Marine durfte ein ungarischer Minister-Präsident in frivoler Wohldienerei gegen die Allüren und Liebhabereien seiner Landsleute sich in die Brust werfen: „Ungarn habe vor aller Welt gezeigt daß es von dem zweiköpfigen Adler nichts wissen will". Wollen wir so lang warten bis ein späterer ungarischer Minister-Präsident sich vor seinem Publicum rühmt daß Ungarn überhaupt von Österreich nichts wissen wolle?

Es gibt kein Ungarn und Österreich, es gibt nur ein Ungarn in Österreich, d. h. ein Ungarn welches mit den andern habsburgisch=lothringischen Erblanden das bildet was man heute Österreich nennt und was seit 1804 Kaiserreich ist. Das „selbständig" und „unabhängig" der ungarischen Gesetz-Artikel aus dem vorigen Jahrhundert hat sich nie auf etwas anderes bezogen als auf das „Regieren" und „Verwalten" („regendum et gubernandum", „diriget et gubernabit"), und auch dieses ist, wenn man die Sache streng nehmen will, weggefallen seit auch die nicht=ungarischen Länder aufgehört haben absolutistisch regiert und verwaltet zu werden. Eine selbständige politische Existenz als Staat nach außen, oder auch nur eine abgesonderte Parallel-Stellung als ein Theil zu den übrigen österreichischen Königreichen und Ländern als anderem Theil, hat Ungarn seit 1526 nie gehabt, hat es 1712 bis 1722/3 aus wohlerwogenen selbsteigenen Gründen sich auf das nachdrücklichste verbeten, und könnte es um seines eigenen Fortbestandes willen unter den heutigen Verhältnissen weniger als je sich verlangen.

Ungarn ist keine „Provinz" von Österreich, und war nie eine, eben so wenig als Siebenbürgen oder Kroatien-Slavonien je „Provinzen" von Ungarn sind oder waren, wie denn überhaupt diese dem Staatsrechte des römischen Weltreiches entnommene Nomenclatur auf unsere eigenartigen Verhältnisse nicht paßt. Aber Bestandtheil jenes Länder-Complexes, der seit 1804 das Kaiserthum Österreich heißt, ist Ungarn seit der Zeit da es mit den andern diesem Complexe angehörigen Königreichen und Ländern eine untheilbare und untrennbare Verbindung eingegangen. Und daß dies sei, muß auch in der Bezeichnung und Titulatur des Länder-Complexes welcher ein Ganzes ist, ein für allemal ersichtlich bleiben.

VI. Das Jahr 1848 hat uns auch den ungarischen Minister bei der Person des Monarchen gebracht, eine Institution die nicht blos der Pragmatischen Sanction völlig fremd ist weil dieselbe andere königliche Organe, als solche die dem Monarchen verantwortlich waren, nicht kannte, und von solchen die ihm gleichsam zur Controle an die Seite gesetzt waren keine Ahnung hatte, sondern auch dem Geiste jener Staats-Acte darum schnurstracks zuwiderläuft, weil der fragliche Minister-Posten nicht das Princip der „Untheilbarkeit" und „Unabtrennbarkeit" aller Theile des habsburgischen Länder-Complexes, sondern im Gegentheile jenes einer logisch unhaltbaren und praktisch unstatthaften Personal-Union unter denselben zu verkörpern strebt.

Welches war die Stellung des königlichen Personal-Ministers, wie wir ihn der Kürze halber nennen wollen, nach den s. g. Achtundvierziger Gesetzen?

Er sollte

erstens „auf alle jene Verhältnisse, welche Ungarn mit den Erblanden gemeinsam berühren, Einfluß nehmend, in denselben das Land unter Verantwortlichkeit vertreten" (G. A. III. §. 13);

zweitens in Absicht auf alle „die Verwendung des ungarischen Heeres außerhalb der Gränzen des Landes, nicht minder die Ernennungen zu den militärischen Amtsstellen betreffenden Angelegenheiten" die „Contrasignatur" ertheilen (G. A. III. §. 8) — also kurz gesagt: er war Herr der Geschicke nicht etwa blos des Gebietes der St. Stephans-Krone sondern der Monarchie überhaupt. Denn wenn es ein Mann von eben so großer Genialität und Energie als Illoyalität war, um im geeigneten Momente seine Contrasignatur zu verweigern, so konnte der Monarch in einem äußeren Kriege nicht einen Gemeinen ungarischer Truppen außer Landes verwenden, und nicht einen General ernennen dessen Name oder Physiognomie dem ungarischen Personal-Minister nicht zu Gesicht stand; Er konnte nicht eine diplomatische Verhandlung abschließen, nicht über Krieg und Frieden nach außen entscheiden, wenn sein dem Lande Ungarn verantwortlicher Ablatus damit nicht einverstanden war.

Allerdings ist, so viel uns bekannt, der jetzige Personal-Minister noch nicht mit so kostbaren Attributen ausgestattet wie es dessen Vorfahr im Jahre 1848 gewesen war. Allein wer bürgt uns dafür daß nicht bei der „Elasticität" der Siebenundsechziger Gewährungen, und wenn Verhältnisse einträten die einem kühnen Unterfangen seitens der ungarischen Wortführer günstig sind, unsere cisleithanischen „Staatsmänner" in einer schwachen Stunde sich zu einer neuen Concession herbeifänden?! Kein Mensch dachte nach dem October-Diplom an eine Theilung des Staats-Credits und der gemeinsamen Staatslasten; da glaubte man sich im Prinz-Eugen'schen Palast in der Himmelpfortgasse in einer schwachen Stunde auf die Börse versetzt und verlegte sich den ungarischen Drängern gegenüber auf ein Handeln à la baisse bis man bei 30% zu 70% angelangt war! Grundsatz war es gewesen, was da auch kommen möge, die Einheit der Armee sollte unangetastet bleiben; und doch drückte man im alten Jesuiten-Gebäude am Hof in einer schwachen Stunde über die Bewilligung der abgesonderten Honvéd-Armee und eines ungarischen Landesvertheidigungs-Ministers ein Auge zu! Wer hätte es vor November 1868 wagen dürfen an der Ungetheiltheit unseres Kaiserstaates zu zweifeln? Allein da beschlich in den Sälen, wo kaum zwanzig Jahre früher Fürst Felix Schwarzenberg mit eisernem Willen gewaltet, in einer schwachen Stunde

... „den großen Homer wohl ein Schläfchen" —

und man fand daß es ja gar nicht so viel auf sich habe ob man „Österreichisch-ungarische Monarchie" schreibe oder „Kaiserthum Österreich"! Uns bangt und graut vor den schwachen Stunden unserer verschiedenen „Reichs"-Minister eben so sehr wie vor der „Elasticität" unserer thatsächlichen Einrichtungen. Unser Leitstern ist das: „Principiis obsta!"

Was soll es auch mit einem ungarischen Minister um die Person des Monarchen? Für seine eigenen Angelegenheiten hat Ungarn sein verantwortliches Minister-Präsidium und die verschiedenen Ressort-Ministerien, für die gemeinsamen bestehen die Reichs-Ministerien und, so lang keine zweckmäßigere Vorkehrung getroffen ist, die Delegationen. Noch überdies ein ungarischer Personal-Minister, wo die andern Länder einzeln oder alle zusammen einen solchen nicht haben, das wäre nicht mehr Parität, das wäre Superiorität, und auf eine solche kann Ungarn selbst bei den weitestgetriebenen Prätensionen keinen Anspruch machen. Fühlt Ungarn das Bedürfnis auch im Centrum des Gesammtreiches vertreten zu sein — und es sollte uns nur freuen wenn man jenseits der Leitha endlich einmal bei der Erkenntnis dieser Nothwendigkeit angelangt wäre! — dann wäre es wohl eine andere Veranstaltung die sich als wünschenswerth und ersprießlich erwiese. Sind es wirklich nackt und blos die auswärtigen Angelegenheiten, die Reichs-Finanzen und der Staats-Credit, die Land- und Seemacht, Zoll und Handel, was die Glieder eines und desselben Staatsganzen, was nun einmal Österreich staatsrechtlich und thatsächlich ist, mit einander zusammenhält? Sollen sie wirklich in allen andern Dingen unbekümmert um ihr gegenseitiges Nutz und Frommen, Wohl und Wehe neben einander einhergehen, als ob sie nicht miteinander einen dauernden Bund eingegangen hätten? Wäre es wirklich so ganz und gar gleichgültig was in den verschiedenen Ressorts hüben und drüben geschieht, was für Einrichtungen und Vorkehrungen in den verschiedenen Linien der inneren Verwaltung hier und dort getroffen werden? Wäre es nicht vielmehr von Vortheil daß ein oberster Rath der Krone bestände dessen Glieder nicht blos die Vertreter der mathematisch abgezirkelten „gemeinsamen Angelegenheiten", sondern auch nebst dem ungarischen Minister-Präsidenten der Minister-Präsident jenes Länder-Complexes wäre, bezüglich dessen in Betreff gewisser Gegenstände der Gesetzgebung, wie das October-Diplom ganz richtig sagt, „seit einer langen Reihe von Jahren eine gemeinsame Behandlung und Entscheidung stattgefunden hat"?! Man wende nicht ein, daß der eine von ihnen seinen Amtssitz in Wien, der andere in Pest hat. Der oberste Rath der Krone wird nicht alle Tage zusammentreten, und selbst wenn es sich einmal träfe daß er über Nacht einberufen werden müßte, so giebt es im Zeitalter der Extrazüge keine Entfernungen. Etwas ähnliches hat 1848/9 zwischen Wien und Olmüz stattgefunden, und wir wüßten nicht daß die genialen Staatsmänner, deren sich Österreich damals erfreute, sich in ihrer epoche-machenden Thätigkeit dadurch im geringsten hätten aufhalten oder beirren lassen.

Und noch auf einen andern Vorschlag möchten wir zurückkommen der vor mehr als hundert und sechzig Jahren von ungarischer Seite gemacht wurde. Unserem gemeinschaftlichen Staatsleben mangelt ein Organ das, mitten im Wechsel der dies- und jenseitigen Ministerien und Landesvertretungen, außerhalb der hier und dort in unaufhörlichem Kampfe begriffenen Parteien, gewissermaßen das Beständige, das Dauernde, das Probehältige verträte und zum Ausdruck brächte; ein Organ das zwischen dem Monarchen und den nur ihre momentane Verantwortlichkeit deckenden Organen der Regierend-Regierten stände; nicht entscheidend und beschließend, aber begutachtend, vorstellend, rathend; ein Organ das auch andere constitutionelle Staaten ihren Einrichtungen eingefügt haben und das in Österreich seit den Zeiten der großen Maria Theresia, mit einziger Unterbrechung der Revolutionszeit, bis zum Jahre 1866 bestanden hat: ein **Staatsrath**! Das war es was die Ungarn 1712 im Sinne hatten als sie die Bitte stellten: „es möchten, nachdem der Kaiser längst schon die ihn umgebenden Räthe und insbesondere die Mitglieder der f. g. Geheimen Conferenz aus allen übrigen Königreichen und Ländern berufen, nun, wo Ungarn auf immerwährende Zeiten mit diesen Ländern verknüpft würde — ex eo quod Hungaria cum iisdem Provinciis et Regnis in perpetuum conjungeretur —, auch ungarische Räthe den Berathungen die er veranstalte beigezogen werden".

Die beiderseitigen Minister-Präsidenten im obersten Rathe der Krone —

ein aus hervorragenden erprobten Regierungsmännern aller Theile des Reiches zusammengesetzter ständiger Staatsrath —

ein an die Stelle des allseits angefochtenen Auskunftsmittels der Delegationen gesetzter, nach einem billigen Verhältnis zusammengestellter, nach gewissen mehrjährigen Zeitabschnitten wechselnder Reichsrath —

das wären, unseres Bedünkens, die gemeinschaftlichen Organe bei deren Bestand das große Ganze unseres inneren Staatswesens aufhören würde — wie eine kühne Stimme jüngster Zeit leider nur zu treffend es bezeichnet hat — eine Monarchie „auf Kündigung" zu sein, bei deren Walten es vielmehr allem Wechsel der Zustände und Ereignisse mit ruhiger Zuversicht entgegensehen könnte.

* * *

Und was bleibt den Ungarn wenn wir ihnen den Personal= den Landesvertheidigungs= und den Handels-Minister nehmen; wenn wir den Staats-Credit und die Staatsschuld wieder zu dem machen was sie nie hätten aufhören sollen zu sein, zu ungetheilten; wenn wir gegen das „Österreich und Ungarn", gegen das „Kaiserl. und Königl." Verwahrung einlegen, und in all diesen Richtungen den status quo ante wieder hergestellt zu sehen verlangen?

Den Ungarn bleibt dann noch unendlich viel. Es bleibt ihnen jedenfalls weit mehr als sie nach einer strengen Auslegung der Pragmatischen Sanction, auf die sie sich ja fortwährend berufen, eingeräumt zu werden brauchte. Es bleibt ihnen **alles** bis an jene äußerste Gränze, jenseits welcher die Tendenz zu Auflehnung und Abfall liegt.

Es bleibt ihnen

erstens das eigene und selbständige verantwortliche Ministerium für alle Angelegenheiten die nicht zu den gemeinsamen gehören, und dessen Präsidium und Portefeuilles sie sich nach eigenem Ermessen einrichten und gestalten mögen; und es bleibt zweitens dem Magyarismus die Superiorität und Hegemonie seines Idioms im ganzen Gebietsumfange von der Leitha bis an den Ojtosz-Paß, und von der Lomnitzer Spitze bis an das linke Ufer der Mur und Drau und zum Eisernenthor-Paß.

Begünstigungen sehr kostbarer Art und, unsrerseits, Zugeständnisse in des Wortes eigentlichster Bedeutung! Denn ausdrücklich müßten wir uns, um künftiger Eventualitäten willen, dagegen verwahren dieselben als unanfechtbare Ansprüche seitens Ungarns gelten zu lassen. So wie nach einer strengen Auslegung der Pragmatischen Sanction das „non ad normam aliarum Haereditariarum Provinciarum" seine praktische Bedeutung eigentlich mit dem Zeitpunkte verloren hatte wo die andern Königreiche und Länder ad normam Regni Hungariae Partiumque eidem annexarum, nämlich constitutionell, regiert und verwaltet zu werden begannen: so läßt sich andrerseits nicht läugnen daß die in der ersten Hälfte der Vierziger Jahre zuerst in Gesetzesform gebrachte Oberherrschaft der magyarischen Race und Sprache über die andern Volksstämme des Landes mit dem bekannten Grundsatze des großen Königs Stephan in argem Widerspruch steht und von Rechts- wie Zweckmäßigkeitswegen nicht unwichtigen Einwendungen ausgesetzt ist. Bei allen Vorzügen eurer schönen, wohlklingenden und charakteristischen Sprache, bei ihrer zum Theil höchst interessanten Literatur, ist sie doch, ihr Herren Magyaren, keine Weltsprache, beherrscht keinen großen Markt; man kommt mit ihr nicht weit. Und dennoch gewinnt oder vielmehr behaltet ihr, mit unserer Zulassung, für sie ein Territorium von einer Ausdehnung von welcher euch selbst nur der geringere Theil eigen ist, und von einer Bevölkerungszahl in der ihr die Minderheit bildet.

„Mit unserer Zulassung"! . . . Ihr Herren Magyaren werdet euch hoffentlich an den Ausdruck eben so wenig stoßen als an die

Sache selbst. Mußten doch wir es uns fast zehn Jahre lang sagen lassen daß ihr euch gleichsam zu Hütern und Garanten unserer constitutionellen Einrichtungen bestellt habet (§§. 8, 25, 53 G. A. vom 31. August 1867), was ihr euch ohne Frage nur auf Grund jener Bestimmungen der Pragmatischen Sanction herausnehmen konntet welche die Hintanhaltung innerer Zerwürfnisse und Unruhen was immer für einer Art, folglich auch die Beseitigung aller zu derlei Zerwürfnissen und Unruhen Anlaß gebenden Uebelstände und Misbräuche, oder mit andern Worten, die Zufriedenstellung der Gemüther durch vertrauenerweckende Institutionen, als einen der Hauptzwecke der untheilbaren und untrennbaren Verbindung des habsburgisch-lothringischen Länderbestandes wiederholt hervorhebt. Nun denn, ganz von demselben Standpunkte könnten ja auch wir uns die Freiheit nehmen nachzusehen ob bei euch drüben alles derart bestellt sei daß kein Anlaß zu besorglicher Unzufriedenheit und Misstimmung obwalte z. B. in eurem Gebahren mit den andern Nationalitäten, und wenn wir das jetzt nicht thun, sondern, eurer eigenen Einsicht und Mäßigung vertrauend, euch hierin freie Hand lassen, so ist in der That die Nachgiebigkeit und Großmuth nicht auf eurer, sondern auf unserer Seite.

Und diese Einsicht und Mäßigung werdet ihr um eures eigenen Besten willen walten lassen. Ihr werdet die Sache nicht auf die Spitze treiben, sondern rechtzeitig einlenken, um nicht neuerdings jene weitgediehene Erbitterung gegen euch heranwachsen zu lassen die euch schon einmal so böse Früchte getragen hat. Der von eurem gegenwärtigen Minister-Präsidenten ausgesprochene Grundsatz: "Im Ungarischen Staate gibt es nur eine politische Nation und das ist die magyarische", ist ein sehr "elastischer" und darum sehr gefährlicher, weil er bei ungeschickter oder übelwollender Anwendung zu all jenen

Härten Ungerechtigkeiten und Misbräuchen führen kann an denen die Zustände in den letzten Jahren vor Ausbruch der Revolution krankten.

Wie unendlich mehr könnt ihr mit einem Systeme billigen Gewährenlassens erreichen als mit jenen verhaßten Maßregeln des Zwanges und der Gewalt! Eure Sprache ist, wie ihr es heißt, die „diplomatische" des Landes, und der hochgebildete siebenbürgische Sachse, jeder höher strebende Slave oder Romane eures Landes, jeder der es zu etwas besserem bringen will, der über den Umkreis seines Heimatgaues hinaus zu schaffen hat, wird sie sich eigen machen müssen, und wird das thun auch wenn ihr es ihm nicht aufzwingt. Vor einiger Zeit war in den Zeitungen von einem Congresse zu lesen den der ehemalige katholische Gelehrte Döllinger wegen der Union der verschiedenen christlichen Kirchen veranstaltete und wozu geistliche Würdenträger von weit hinten aus der Türkei herankamen: „und fast alle verstanden und sprachen deutsch", hieß es in einem der Berichte. Woher kommt das? War es ihnen befohlen, war es ihnen angemaßregelt und aufgenöthigt worden? Gewiß nicht! Aber das Deutsche ist nach und nach zu einer der Weltsprachen geworden, und so bricht es sich von und durch sich selbst immer weitere Bahn. So auch, nur selbstverständlich in kleinerem Maßstabe und Umfange, wird es im Gebiete der ungarischen Krone mit dem Magyarischen gehen. Der Magyarismus wird die Gebildeten aller Stämme des Landes für sich haben, und diese werden, ohne dadurch ihrer eigenen Sprache und Literatur untreu zu werden, die magyarische verbreiten und fördern helfen. Mehr sollt ihr nicht verlangen, und mehr könnt ihr auch nicht erreichen. Die Millionen Deutschen, Slovaken, Rusinen, Serben und Romanen würdet ihr doch nie zu Magyaren machen können, und wenn euer Land eine Insel oder mit einer chinesischen Mauer umschloßen wäre. Und eben so werdet ihr ihnen nie wehren und sie nicht verhindern können Sympathien für ihre jenseits der Landesgränzen wohnenden Stammesbrüder zu hegen. Darauf kommt es aber auch nicht an. Die Hauptsache ist daß jene Sympathien nicht durch unfreundliches und ungerechtes Gebahren von eurer Seite auf landesverrätherische Abwege getrieben werden, daß vielmehr durch mildes und billiges Vorgehen die ungezwungene und aufrichtige Hinneigung aller verschiedensprachigen Bewohner zu ihrem gemeinsamen Heimatlande gewonnen wird. Das Geheimnis und der Zauber der inneren Politik eines Staatswesens von gemischter Zusammensetzung liegt darin, alle verschiedenen Elemente so zu stellen und zu behandeln daß sie sich jederzeit sagen müßen, sie könnten es anderswo nicht besser haben. Dann bedarf es keiner „Landesvertheidigung", keiner „Honvéd-Armee", dann stehen die Völker alle von selbst auf wenn es das Land zu schützen und zu schirmen gilt. Zu Magyaren könnt ihr die anderssprachigen Stämme eures Landes nicht machen: setzt euer Bemühen darein sie zu aufrichtig ergebenen Ungarn zu machen! August Pulszky wollte am 17. September d. J. die Auslassungen Polit's über die Vorgänge auf türkischem Gebiete mit den Worten rügen: „Die Erfahrung lehre, daß jene Bürger über äußere Angelegenheiten das schlechteste Urtheil haben welche über die Pflichten im eigenen Lande nicht im reinen sind und die Interessen desselben verkennen". Herr von Pulszky, die anderssprachigen Bewohner Ungarns haben nicht blos Pflichten, sondern auch Rechte: verkümmern Sie ihnen diese nicht, und Sie werden deren naturgemäße und darum unausrottbare nationale Sympathien nicht zu fürchten haben.

Aber noch eine andere Gränze als maßvolle und weise Duldung im eigenen Lande, muß die zugestandene Hegemonie des Magyarismus haben: sie darf mit ihren Ansprüchen das Gebiet der St. Stephans-Krone nicht überschreiten! Das kleinliche, dabei lästige und zeitraubende Übersetzen aus dem Deutschen ins Magyarische und umgekehrt in allen die gemeinsamen Angelegenheiten betreffenden

Verhandlungen muß fallen. Fordert ihr für euer Land eine „diplomatische" Sprache, so müßt ihr eben so eine für das Reich anerkennen, und das kann nur die deutsche sein. Die volle und vollste Gleichberechtigung durch alle Stufen des Instanzenzuges hinauf sei jedem Einzelnen, jeder Gemeinde, jedem Lande gewährt: allein in dem Wechselverkehr der obersten Regierungs-Organe untereinander kann es aus Zweckmäßigkeitsgründen nur ein gegenseitiges Verkehrsmittel geben.

* * *

Eine Frage der Zukunft, und einer nicht sehr fernen, ist die kroatische, richtiger die des dreieinigen Königreichs Kroatien-Slavonien-Dalmatien.

Das heutige Verhältnis desselben ist für die Länge unhaltbar. Einerseits hat der Magyarismus zeitlich genug begriffen daß er jenseits der Drau und Mur nicht so hautiren kann wie in seinem übrigen Herrschergebiete, und darum Kroatien und Slavonien eine freiere Stellung gegeben, obgleich vom geschichtlich staatsrechtlichen Standpunkte die beiden Königreiche, unseres Bedünkens, nicht größeren Anspruch darauf haben als Siebenbürgen. Andrerseits aber bildet für denselben Magyarismus das innere Erstarken des südslavischen Elements, das naturgemäß mit einem Drange nach Erweiterung, nach Angliederung der unmittelbar anliegenden stammverwandten Gebiete verbunden ist, Grund und Anlaß zu einer beständigen Angst, zu einer fortwährenden Verlegenheit. Ja mehr noch, es ist dies gefürchtete Erstarken sogar eine Fessel für das magyarische Ungarn, das um dieses Umstandes willen der Einhaltung eines der Cardinalpunkte seines externen Staatsrechtes so wie des Krönungseides der ungarischen Könige untreu zu werden anfängt. Als bei der jüngsten Adreß-Debatte von gewisser Seite auf die „Ergänzung der territorialen Integrität des Gebietes der St. Stephans-Krone" hingedeutet wurde, erhob sich sogleich eifrige Einsprache dagegen:

„so viel staatsmännische Begabung" glaubte der „Ungarische Lloyd" den Koryphäen der Regierungs=Partei doch zutrauen zu dürfen, „um die Annahme als ausgeschlossen zu betrachten daß sie die Aufhaltung Dalmatiens und der mit dem Besitze dieses ‚romantischen' Landes verbundenen Kosten gegenwärtig als ein dringendes Bedürfnis betrachten würden"... Prunkvoll lautet der Name des „dreieinigen" König= reichs, im Titel des Bauns prangt das Königreich Dalmatien so gut wie Kroatien und Slavonien; aber die magyarische Politik äußert eine heilige Scheu, sich das erstere „aufhalsen" zu lassen!

Über die jüngsten Vorgänge jenseits unserer südlichen Gränze wollen wir nicht viel Worte verlieren: sie sprechen für sich selbst. Die Lage des aufständischen Gebietes zwischen Kroatien und Dalmatien, weit zurückreichende geschichtliche Vorgänge, die zu allen Zeiten formell aufrecht erhaltenen staatsrechtlichen Ansprüche Ungarns auf das „König= reich Rama", die Siegeszüge des Prinzen Eugen, die heute noch lebenden und wirksamen österreichischen Traditionen unter der dortigen Bevölkerung die sich ja eben bei Ausbruch der jetzigen Erhebung in so unzweideutiger Weise manifestirt haben, alles stämpelt den Landstrich zu einer territorialen Ergänzung, zu einem Ausfüllsel der zwischen der Unna=Save und der langhingestreckten dalmatinischen Gränze klaffenden Lücke. Aber... „was fangen wir mit dem Dualismus an"?!...

Sind das naturgemäße Verhältnisse? Gewiß nicht, und darum wird sich der Gang der Dinge nicht aufhalten lassen. Früher oder später werden sich die Geschicke erfüllen, wird der zur Stunde noch ungetheilte „ungarisch=kroatische" Reichstag in einen ungarischen und einen kroatischen nebeneinander zerfallen; werden die Mur=Insel, das kroatische Küstenland mit Fiume dahin zurückkehren wohin sie nach ihrer geographischen Lage, nach ihren geschichtlichen Antecedentien, nach der Stammverwandtschaft ihrer Bevölkerung gehören; wird Dalmatien der That nach werden was es schon lang dem Titel nach ist, ein inte=

grirender Bestandtheil des dreieinigen Königreichs, und — „das andere findet sich", wie Schlik's Wahlspruch lautete.

* * *

Die bevorstehende Revision des ungarischen Ausgleichs wird so ziemlich über das nächste Schicksal unserer Monarchie, und Ungarns mit ihr, entscheiden. Bleibt es bei dem was seit 1867/8 thatsächlich besteht und was, wie wir überzeugend dargethan zu haben vermeinen, zwar für den Augenblick einen leidlichen modus vivendi gestattet, was aber den Kern der allergefährlichsten Entwicklung der Dinge, einer unter begünstigenden Umständen erneuten Auflage der Ausartungen der Jahre 1848/9 in sich birgt, oder würde gar in der schwachen Nachgiebigkeit gegen transleithanische Prätensionen noch weiter gegangen: dann wagen wir uns die Eventualitäten, denen unser Staatswesen entgegen zu blicken hätte, gar nicht auszumalen, geschweige denn in klare Worte zu fassen. Findet aber die von Geschichte und Staatsrecht, so auch von der thatsächlich vorhandenen Lage der Dinge gebotene Umwandlung des derzeitigen monstrosen Dualismus in jenen maßvollen Dualismus statt, der sich im Verhältnisse zu den nicht-ungarischen Ländern während der letzten anderthalbhundert Jahre herausgebildet hat, dann ist jene sichere verfassungsmäßige Neugestaltung unseres Staatswesens hergestellt und begründet, von welcher aus dasselbe als Ganzes, und Ungarn als — wenn auch streng genommen über Recht und Gebühr — bevorzugtes Glied desselben, der schönsten und freiesten Entfaltung ihrer künftigen Geschicke entgegensehen können.

Eben deshalb aber ist es vom höchsten Staats-Interesse geboten daß, um dies entscheidende Ziel zu erreichen, alle Theile des Ganzen wohlmeinend und einverständlich zusammenwirken, daß sie, mindestens für die Zeit bis die großen Gestaltungsfragen zu befriedigender Lösung gediehen sind, allen inneren Zwist und Hader ruhen lassen, und daß folglich jene Theile der cisleithanischen Vertretung, die sich seit längerer Zeit von ihren Sitzen im Parlament fern gehalten haben, sich auf ihren Plätzen nicht vermissen lassen.

Wir kennen all ihre Schmerzen. Wir kennen die Gründe auf welche sie ihre passive Politik stützen, wir haben gegen die Logik ihrer Vorbringungen kaum etwas einzuwenden. Wir achten sie um ihrer Principien-Treue, um ihrer ausharrenden Consequenz willen. Allein man braucht eben kein Anhänger der Inconsequenz und Principienlosigkeit zu sein, um sich der Einsicht nicht zu verschließen daß dem praktischen Politiker nicht selten andere Wege vorgezeichnet sind als dem politischen Theoretiker, schon darum weil dieser allein mit der Logik der Ideen, jener aber nur zu häufig mit der Logik der Thatsachen zu rechnen hat.

Wir geben auch vollkommen zu daß, von den großen grundsätzlichen Streitpunkten abgesehen, in unserem Staats- und öffentlichen Leben noch beiweitem nicht alles auf den Fuß gestellt ist auf dem es stehen könnte und vielleicht sollte, daß noch manche Wünsche unerfüllt, manche Beschwerden unausgeglichen sind. Aber werden diese darum eher ausgeglichen, jene dadurch besser erfüllt werden wenn sich der eine Theil von dem Kampfplatze fern hält wo die Meinungen gegen einander ausgetauscht, die Bewegungsgründe gegeneinander abgewogen werden?! Und anstatt nur immer mürrisch auf das zu sinnen was die Opposition sich noch vorenthalten sieht, wäre es nicht vielleicht gut, manchmal das unermeßlich viele in's Auge zu fassen, was dieselbe, seit unsere öffentlichen Angelegenheiten einen frischeren Zug gewonnen haben, auf allen Gebieten ihr eigen nennt und was durch ernentes Eingreifen im parlamentarischen Leben gewiß nicht verkürzt, aller Wahrscheinlichkeit nach bereichert werden würde?!

Wenn es auf solchem Wege gelänge durch thätiges Eingreifen und aufrichtige Mitwirkung der bisherigen principiellen Opposition das große Werk der Consolidirung unseres Staatswesens zu einem gedeihlichen Ende zu führen, dann würde nicht blos Ungarn den unschätzbaren Vortheil davon haben, seine Staatskunst allen Gefahren eines nach nebelhaften Zielen jagenden unwahren und trügerischen Größenwahns entrissen, seine innere Politik auf eine gesunde Grundlage gestellt, ihr jene klaren sichern Wege vorgezeichnet zu sehen auf denen es allein sein Gedeihen, sein fortwährendes Blühen und Erstarken finden kann: auch dem Staatsleben der nicht-ungarischen Länder wäre jener einzig naturgemäße Zustand zurückgegeben der in dem loyalen Zusammenwirken aller berufenen Factoren der Gesetzgebung besteht, und den wir bei dem starren Fernhalten der principiellen Opposition seit anderthalb Jahrzehnten schmerzlich vermissen. Ja, er hat unserem Verfassungsleben empfindliche Wunden geschlagen, jener andauernde passive Widerstand, jedoch die empfindlichsten jenen selbst aus deren Schoß er hervorgegangen war. Eine „Nessuno"-Politik, eine „Nie pozvulam"-Politik, eine „Nedejme se"-Politik mag unter Umständen von großer heilsamer Wirkung sein; als bloße Negation auf die Länge festgehalten kann sie keine Früchte bringen. Wenn die Schranken zum Turnier aufgethan sind, ist es nur der Knappe der, das Schwert in der Scheide und die Lanze bei Fuß, unthätig dem Kampfspiel zusieht — kein Ritter!

* * *

Noch eines hätten wir auf dem Herzen, womit wir aber vorläufig noch zurückhalten wollen. Unter vier Augen mögen wir es einem und dem andern vielleicht jetzt schon sagen, und unsere wohlerwogenen Gründe dazu, und ist es ein „Interviewer" gegen den wir so „aufgeknöpft" sein werden, dann mag er es auch drucken lassen.

Anhang.

I.

a) **Gutachten des Palatinus Paul Eszterházy und der k. geheimen Räthe des Königreiches Hungarn, wegen der Ausdehnung der Erbfolge des Hauses Österreich in Hungarn auf die weibliche Linie.**

Gegeben auf der allgemeinen Reichstagsversammlung zu Presburg den 8. July 1712.

Sacratissimae Romanorum Imperatoriae ac Germaniae, Hispaniae, Hungariae, Bohemiae etc. Regiae Majestati Dño Dño Clementissimo.

De Successione Regia Sexus Foeminei Augustae Domus Austriacae demisse suppeditata Opinio Intro-scriptorum Regni Hungariae Palatini et Intimorum Regiorum Consiliariorum.

Sacratissima Caesarea Regiaque Majestas Domine Domine Clementissime!

Postquam Ego Domino Cardinali Archi-Episcopo Strigoniensi, nec non Comitibus Nicolao Palffy, Georgio Erdödy Judici Curiae Regiae, Joanni Palffy Croatiae Bano, et Emerico Csaky Colocensi Archi-Episcopo, omnibus Majestatis Vestrae Consiliariis Intimis de benigna Ejusdem Majestatis Vestrae voluntate die septima Mensis Julii Anni 1712 nunc labentis proposuissem: qualinam singulari Paterna cura, affectu et sollicitudine, erga percharum hocce Regnum suum Hungariae et Partes Eidem annexas, Vestra Sacratissima Majestas feratur, quod tametsi omnis adhuc spes adsit, Vestram Majestatem, totamque Christianitatem et singulariter hocce Regnum Hungariae, quod omnibus votis optandum, Divinitus Masculini Sexus Haeredum solatio exhilarari: nihilominus tamen, quod Deus per omnia residua Mundi saecula clementer antevertere dignetur, si

Majestatem Vestram in eodem Masculini sexus suorum haeredum solatio destitui contingeret, ne Regnum hocce Hungariae Rege et Legitimo Domino orbatum relinquatur, et per exitiosa Interregni tempora, saepius malo suo per Hungariam experta, idem Regnum in interitum prolabatur, totique Christianitati periculum, vis, et confusio inferatur, ad tantorum malorum anteversionem in tempore mentes suas convertere et de Legitimo Rege et Domino successore nempe Regio cogitare, consiliumque suum et opinionem superinde dare velint:

Igitur praeprimis Ego et dicti Intimi Consiliarii habemus, ut immortales Majestati Vestrae humillime reponamus gratias, pro tanta sollicita Paterna cura et benignitate, quod etiam in tali utinam nunquam secuturo casu defectus Seminis Masculini percharum hocce Regnum suum improvise relictum habere non velit; quin potius ut ab exitiosis Interregni temporibus, diversis belli calamitatibus et periculis eripiatur, tempestive praecautionem desiderare dignetur;

Quapropter intuitu demissae subjectionis Nostrae erga Augustam Domum Austriacam semper et constanter habitae, nec non etiam obligationis erga Patriam, matura consultatione mediante super praemissis omnibus Majestati Vestrae sequentem demissam opinionem nostram suppeditamus:

Quod tametsi quidem exoptaremus Majestatem Vestram, veluti pium clementem et justum Imperatorem et Regem, in omnia residua mundi saecula supervivere et Regnum hoc feliciter per se et suos Legitimos Haeredes Masculos regere atque gubernare: nihilominus tamen quod, cum coronata Imperatorum etiam et Regum capita mortalitati obnoxia essent, si Majestatem Vestram, quod tamen DEUS clementer antevertere dignetur, in sexus Masculini suis Haeredibus prorsus deficere contingeret, ne per interregni periculosa tempora olim florentissimum hocce Regnum pessumeat, ruinetur, dilaceretur et dividatur, crederemus ejusmodi pericula et mala praecaveri, si ex rationibus et motivis mox subinsertis, non tantum residui Vestrae Majestatis Consiliarii Regii sed et insuper universi ac singuli Regni hujus Status ad praesentem Generalem Regni Diaetam congregati, unum ex Augustae Domus Austriacae Sexus foeminei successorem, in tali casu ad Divi olim Imperatoris et Regis Leopoldi, ac Vestrae etiam Sacratissimae Majestatis meritorum recolendorum memoriam, in perpetuum pro suo Legitimo Rege et Domino eligerent et circa futurum Regni hujus Regimen et gubernium stante praesenti Diaeta conveniretur, Diplomaque seu Regia assecuratio Statibus et Ordinibus Regni sufficiens et nullis contradictionibus aut mutabilitatibus exposita daretur. Quarum quidem Conditionum

Prima esset: quod si stante praesenti Diaeta inter Augustum dictae Domus Austriacae Sexum foemineum tale perpetuum et nulli mutationi obnoxium foedus seu pactum elaboraretur, quo mediante omnes et singulae suo ac successorum suorum nominibus in infinitum, omni Juri suo, quod nunc in omnes Haereditarias Provincias et Regna haberent, aut vero in futurum qualitercunque habere aut sperare possent, in perpetuum et irrevocabiliter, solenniterque, et si ita majoris securitatis ergo videbitur, etiam Juramentaliter renunciarent: et communi consensu in unum duntaxat ejusdem foeminei Sexus Domus Austriacae successorem transferrent et transderivarent: scilicet, ut talis Austriacae Domus Foeminei Sexus successor omnes Haereditarias Provincias Regnumque Bohemiae cum Silesia et Moravia, quemadmodum Divi olim Leopoldus & Josephus, respective Genitor et Frater Majestatis Vestrae desideratissimi tenuerunt, et Deo propitio Vestra Majestas pro nunc unica et sola tenet ac feliciter gubernat, perque Hispanicam Successionem Majestati Vestrae ejusdemque Augustissimae Domus accrescent, indivisibiliter et inseparabiliter in uno corpore teneat, possideat et gubernet, inquo hujus indivisionabilitatis et inseparabilitatis jus, stante pariter praesenti Diaeta, praenotatarum omnium Haereditariorum Regnorum et Provinciarum Status aequo per speciale foedus et pactum consentirent, scilicet quod sub uno duntaxat alte-nominati Sexus Foeminei Successore, vivere, per eum regi et gubernari velint.

Cujus Foederis et pacti occasione id etiam elaborandum esset, praenotata Haereditaria Regna et Provinciae, Pacis et Belli tempore, ad Militis et confiniorum per Hungariam existentis et extractorum intertentionem, cujus protectionem ex beneficio Hungariae tanquam Antemuralis sentirent, in quo? et quanto concurrent?

Secundo si pro majori securitate et tollenda omni diffidentia Hungariae, stante praesenti Diaeta alte-fati Sexus Foeminei

Renunciatorium et Translatorium Juris, nec non praefatorum Haereditariorum Regnorum et Provinciarum super indivisionalitate et concursu intertentionis et exolutionis militaris ac confiniorum elaborandum et erigendum Foedus et pactum cum Statibus et Ordinibus in hac Diaeta communicaretur.

Tertio si nunc pro tunc nomine talis Foeminei sexus Successoris Statibus et Ordinibus Hungariae et Partibus eidem annexis solenne et nulli mutationi obnoxium daretur Diploma, nempe: quod praeter praemissa ipsius Regni Hungariae et Regnicolarum, prout etiam Partium Eidem annexarum, omnes Leges, Jura, Libertates, Privilegia, Statuta et Consuetudines observabit; Regnumque hoc non ad normam aliarum Haereditariarum Provinciarum, sed ipsius Regni hactenus factis vel in futurum Diaetaliter constituendis Legibus, diriget et gubernabit: omnesque ejusdem Partes hactenus recuperatas et Dei adjutorio recuperandas, ac ultra veros antiquos Hungariae Limites felicibus armorum suorum progressibus aut aliis justis viis et modis acquirendas, prouti et Bona ad sacram Coronam spectantia reapplicabit nullaque necessitate cogente abalienabit: et neque in toto aut aliqua sui parte, sive per Testamentum sive Codicillum, aut Fassionaliter sive Cessionaliter vel alias ullo sub titulo aut ratione alicui legabit vel quoquomodo onerabit: Ita ut pro

Quarto si, in casu defectus Seminis virilis, Sexus Foeminei in Regimine et Gubernio successorem minorennem fore contingeret, ne Hungaria per externae nationis ministerium, aut vero alterum quemcunque dirigatur; sed penes ejusdem Regni leges et consuetudinem tale Regimen et Gubernium Regni Palatinus administret, in eodem Diplomate praecautum fuerit.

Quinto si pro casu praedeclarato talem Sexus foeminei successorem minorennem aut coelibem esse contingat, adveniente aut aliunde fors jam habita nubili aetate, ex opinione praeinsinuatorum omnium Regnorum et Provinciarum, nec non etiam Regni Hungariae et Partium Eidem annexarum, legitimum et competens matrimonium iniverit? Et ne interea

Sexto, ex consideratione Sexus Foeminei, interni vel externi Belli motus suborire possint, quin imo omnis hostilis conatus arceri et impediri possit, necessarium esse videretur, si continuo per

Regnum validus gravioris ac etiam nationalis Militae exercitus, cujus ratio in Systemate V^{rae} Majestati porrecto observanda esset, interteneretur, Confinia insuper Regni restaurari et sufficientibus munitionibus ac annona provideri procurarentur.

Septimo Siquidem ex praedeclarata inseparabilitatis ratione Regnum etiam Bohemiae Sexus Foemineus possidebit, declaretur et elaboretur, stante hac Diaeta, qualiter stare poterit in Electoratu Romani Imperii, ante et post nuptias? Matrimonium autem modo praevio inire cum alio non possit nisi cum Catholico, et quia maritus Regiam Dignitatem aggredietur, oportebit eum esse et manere Catholicum: qui si a Fide deficiat, fides quoque eidem debita cesset.

Octavo Consideratis considerandis, effectuatisque effectuandis, si in casu defectus Seminis generalis Regni Diaeta indicetur, erga praeviam praemittendorum praeinsinuatorum Articulorum Diplomaticorum acceptationem seu Regiam assecurationem, deponendumque superinde Juramentum, secundum formulam sub praesenti Diaeta ad conformitatem conficiendi Diplomatis elaborandum, primo quidem talis Sexus foemineus, deinde vero postquam praevio modo matrimonium inivit, erga praemissorum omnium acceptationem et effectuationem, ipse etiam maritus veluti immediatus Rex et Dominus quoque intra hoc Regnum Hungariae se coronari faciet. Ut autem praemissa omnia eo celerius feliciusque consequi possint, pro

Nono demisse censeretur ex eo, quod haec salutaris Intentio nec in benignis literis Regalibus, sed neque benignis Caesareo-Regiis Propositionibus attacta fuisset, summe necessarium esse et requiri, si praemissa omnia cum reliquis V^{rae} Maj^{tis} Consiliariis Regiis, deinde vero omnibus Regni Statibus et Ordinibus, ad praesentem Diaetam convocatis, per Me tanquam Regni Palatinum, fundate et publice proponorentur: admonerenturque ut praemissis omnibus accurate et matura mente perpensis superinde libere discurrant et concludant: ne futuris amodo inposterum temporibus se praemissa non scivisse, vel super illis auditos non fuisse, quaerendi occasio supersit. Necessarium autem et id videtur: ut

Decimo propter tantam Regni hujus liberi submissionem, ejusque quod in Regno Hungariae nunquam fuit, admissionem, praesertim et id declararetur: quid Juris et Beneficii per eam ipsi

Hungariae, praeter illud mutuum contra Turcas defensionis, accrescet? Praeterea si quidem ex omnibus aliis Regnis et Provinciis Sua Majestas ad sua Consilia et Intima quaeque conferentialia applicaret, ex eo quod Hungaria cum iisdem Provinciis et Regnis in perpetuum conjungeretur, etiam Hungarici Regii Consiliarii ad ea admitterentur. Item omne Commercium per easdem Haereditarias Provincias indiscriminatim effective et realiter concederetur. Ex quo insuper Hungaria cum reliquis Regnis et Provinciis connecteretur; illae vero a Sacro Romano Imperio dependerent, qualemnam cum Regno Hungariae connexionem et necessitudinem Vestra Majestas institutam habere velit, explicaretur: inque Regno ordo Legalis institueretur, et institutus conservaretur. Demum Rex tempore celebrationis Diaetarum Personaliter adesset. Insuper

Undecimo Sacratissima Majestas V^{ra} stante hac Diaeta idem Regnum benigna sua resolutione mediante Status Regni in suorum demissorum Postulatorum aliunde etiam Legalium admissione clementer consolari dignaretur: et signanter quod Hungarica Negotia per Hungaros tractabuntur; neque Pax cum Turcis aut aliis sine ipsis concludetur; aut bellum decidetur; Bona Regalia in nulla necessitate abalienabuntur, alienata vero suo corpori reapplicabuntur; Ecclesiasticis et saecularibus sine ulteriori implorando Regio Consensu de suis acquisititiis Bonis et rebus mobilibus et immobilibus libera testandi facultas admittetur; a Nobilibus nulla contributio, a Plebeis vero non secus quam Diaetaliter, idque propter Regni utilitatem et necessitatem per Regnum cognoscendam, desiderabitur; a rebus et fructibus Allodialibus e Regno per nobiles educendis, quemadmodum etiam pro necessitate eorumdem domestica inducendis, nulla Tricesima exigetur; Miles in Regno permanens ab omnibus excessibus faciendis praecavebitur, si vero eundem excedere contigerit, exemplariter punietur et ad satisfactionem dandam compelletur; Nationique Hungaricae Regni Ecclesiastica et saecularia officia conferentur; ac reliqua Regni Gravamina sub hac Diaeta clementer complanabuntur: ut per hoc Status et Ordines animum in Electionem Sexus Foeminei assumere, et ex Consolatione favorabilium Caesareo-Regiarum Resolutionum aliorumque Specialium

Beneficiorum accessionem, Principales suos Electione tali contentare, ac semet ipsos etiam contentos reddere possint.

Quae praemissa omnia salvo benigno, eoque altissimo Ma^{tis} V^{rae} arbitrio et determinio, dum una cum reliquis supra-nominatis Intimis Consiliariis Ma^{tti} V^{rae} pro Homagialis obligationis subjectione humillime repraesentarem, eidem Maj^{ti} V^{rae} Caesareo-Regiae a DEO ter optimo maximo longaevam vitam et felix pacificumque Regimen et Gubernium demisse comprecor. Datum sub generali Regni Diaeta Die 8^{vi} Mensis Julii, Anno D^{ni} 1712 Posonii celebrata.

Sacratissimae Caesareae
Regiaeque Ma^{tis} V^{rae}   Servus humillimus
Paulus Esterhazy.

b) **Kaiſ. Antwort auf das Gutachten des Palatinus und der geheimen Räthe von Hungarn vom 8. July 1712, wegen der Ausdehnung der Erbfolge des Hauſes Öſterreich in Hungarn auf die weibliche Linie, ertheilt durch den kaiſ. Landtags-Deputirten Hofkanzler Freyherrn von Seilern, und ſeine Mitdeputirten.**

Kolosz (?) den 18. July 1712.

Perlecta ab Aulae Cancellariae B. a Seilern S. Caes. M^{tis} deputato una cum Excell^{mis} D: Praeside Camerae, et D. Cancellario Hungariae, DD^{is} Cardinali Saxoniae, Palatino, Comiti Nicolao Palfi, Judici Curiae; Com^i Erdödi, Comiti Joanni Palfi, Bano Croatiae et Archi-Ep̄o Colossensi, 18. Julii 1712.

Quam paterno Sacra Caesarea Regiaque Majestas Laudatissimis Ser^{norum} Progenitorum, Augustae imprimis memoriae Parentis et Fratris vestigiis insistens, Regnum hoc suum haereditarium prosequatur amore, jam a primis aditi Regiminis auspiciis testatum reddidit et in continuatis hisce Comitiis ulterius confirmavit, ipsisque praesertim, qui hic adsunt, Eminent^{mo} Celsissimo, Excell^{mis} et Rev^{mo} Dominis Magnatibus compertum est. Inter complura vero ejus amoris documenta vel praecipuo loco ponit Sacratissima Regia M^{tas}, quod non solum dum adviveret et, quam DEO largiente sibi successuram optat et sperat, mascula Progenies superesset, per leges hactenus conditas publicae tranquillitati prospectum voluerit, sed cogitationes suas ad eum porro casum protulerit, quem per Divinam Clementiam in omne aevum maxime aversum cupit. Benignissime nimirum adhortata est Sacra Regia Majestas celsissimum Principem Palatinum aliosque Dominos Magnates una Secum operam darent, ne extincta etiam mascula Stirpe Regni Successor per quamlibet exiguum temporis momentum in incerto esset, sed ut jam nunc absque mora similis inter Augustae Domus foeminas, reliquorum quoque haereditariorum Regnorum et Provinciarum legitimas haeredes, in Hungaria successionis modus et ordo sempiterna lege sanciretur, qualis praeteritis Comitiis inter mares introductus fuerat. Ea quippe una et non alia ratione, cum perniciosissima interregni incommoda et quae inde exoriri mala solent provide caveri posse, tum quae hucusque viguit saluberrimam toti Christiano orbi Regni hujus cum aliis haereditariis Regnis et Provinciis sub uno capite compagem perpetuo conservari: Spesque adeo indubia suberat, salubribus istis monitis tanto facilius locum datum iri; quanto certius constabat, magnam Regnicolarum partem sine Religionis discrimine eo sponte ferri. Verum contra expectationem accidit, ut Sacra Regia Majestas ex porrecta nuper a Cels^{mo} Principe Palatino scriptura non quidem Ejus et nominatorum DD: Magnatum opinionem plene percipere potuerit, tantum nihilominus colligere debuerit, saltem apud eos rem nondum ita paratam, ut mox ad desideratum a Sacra Regia Majestate non suo sed Regni et communi boni celerem finem perduci queat, sed necessario ad opportunius tempus differendam et Regnorum hominumque casus ordinanti fato permittendam esse.

Facit id Sacra Regia Majestas aequo animo immotaque in Divino inclytam Austriacam Familiam protegente favore collocata fiducia: ac proinde caeteris deliberationibus diaetalibus absolutis et urgentibus gravissimis belli et pacis negotiis, ad Caesaream Sedem Viennensem proxime redire decrevit, idque Eminentiae, Celsitudini et Excellentiis Vestris per nos indicari voluit, quas simul de sedula nostra ad quaevis officia promptitudine et addictissima observantia persuasissimas cupimus.

II.

Staatsschrift des österreichischen Ministeriums vom 31. August 1848 über das zwischen Ungarn und den übrigen Ländern Österreichs bestehende Band der Einigung.

Vom Minister Bach in der Sitzung des Wiener Reichstages am 19. September vorgetragen.

Seit Jahrhunderten sind die Schicksale der ungarischen Reiche mit den dem Erzhause Österreich angehörigen Ländern in der innigsten Verbindung gestanden; das Band, welches die verschiedenen Kronen an das selbe Fürstenhaus knüpfte, noch mehr das innere Leben der die Donau anwohnenden Völker kettete dieselben so innig zusammen, daß es schwer zu entscheiden ist, welchem der verbrüderten Völker in einem einzelnen bestimmten Felde der staatlichen oder gesellschaftlichen Entwicklung der Vorzug des Führers oder das Lob einer übertreffenden Nachahmung zukomme. Das Kriegswesen, der Bergbau, die Beschiffung der Donau und die Niederlassung der Gewerbe in den an der Donau gelegenen Städten, dann Maß Gewicht und Handlungsgebräuche haben sich wechselseitig verähnlicht und während der österreichisch-deutsche Gewerbsfleiß zu seinen Richtpunkten den Bedarf der Ungarländer nahm, gab der Magyare seinem reichen Boden jene Bestimmung, wie sie ihm bei dem österreichischen Begehr nach Schlachtvieh, Wollproducten, Tabak und anderen Naturerzeugnissen als die gewinnbringendste erschien.

Nach den Siegen Eugens ward, mit der Befreiung und staatlichen Einrichtung des südlichen Ungarns, es für den letzten männlichen Sprossen aus dem Hause Habsburg das wichtigste Unternehmen, die von der Natur und dem Genius der Völker ausgesprochene Verbindung auf eine möglichst feste staatsrechtliche Grundlage zu stellen. Der ungarische Reichstag, die Abhäsions-Urkunde der Siebenbürger Stände vom 30. März 1722, auf dem Landtage des Jahres 1744 inarticulirt, gleichwie alle Landtage der österreichisch deutschen Provinzen, namentlich die österreichischen alten Stammlande Böhmen und Tyrol, haben mittelst der Pragmatischen Sanction nicht nur der Gefahr eines Erbfolgekrieges vorgebeugt, sondern auch die Länderverbindung indivisibiliter ac inseparabiliter so fest begründet, daß man seit mehr als einem Jahrhunderte immer nur von Einer Monarchie, Einer Regenten-Familie, von Einem Herrn sprechen konnte, und daß blos trübe historische Erinnerungen an die unglückliche Vorzeit übrig waren, wo noch in Constantinopel oder Versailles in kurzen Perioden Unterhändler ungarischer Malcontenten erschienen waren. Daß Ungarn unter dieser Vereinigung bedeutend emporgeblüht und seine Nationalität, so wie seine Municipal- und politische Freiheit bewahret habe, beweiset die stufenweise Umstaltung, welche in der Regierung dieses Reiches seit den letzten Decennien eintrat. Wenn früher die politische Freiheit nicht in dem Maße zur Geltung kam, als die Wünsche und Ansichten der Gegenwart es fordern, so muß den vielen Kriegen und der Verheerung, in welcher sich die von den Osmanen erst spät befreiten Landestheile befanden, gebührende Rechnung getragen werden.

Die vorzüglichsten Bestimmungen der Pragmatischen Sanction über den Verband der verschiedenen Staaten der Monarchie unter sich sind in den Stellen der einzelnen Landtagsbeschlüsse und Gesetze enthalten.

Der Ausdruck der Pragmatischen Sanction war immer für so deutlich und vollständig betrachtet worden, daß sich hierüber niemals ein Zweifel ergab. Die Einheit in der obersten Staatsleitung, in der Leitung des Gesammt-Finanzwesens, in der Verwaltung und Führung des Heeres waren der Ausfluß des obersten Staatsgrundgesetzes der Untrennbarkeit der Monarchie. Ungarn war gegen außen von Österreich nie abgesondert, nie für trennbar gehalten und nie als abgesondert vertreten. Mit dem Namen Österreich war nie das Erzherzogthum allein, sondern auch Ungarn damit vereint, in dem Kreise der europäischen Großmächte geltend gemacht, die gesetzlichen Beweisstellen hiefür 1723 Art. 101, 1741 Art. 11, 1790 Art. 10, 11 und 17, 1792 Art. 8 und 9 bekräftigen dasjenige, was in den Jahrbüchern der Geschichte enthalten ist. Alle äußeren Kriege wurden vereint geführt. Traf Ungarn ein Mißgeschick, sogleich ward demselben von der obersten Staatsbehörde und den übrigen Provinzen Hülfe geleistet, wie dies noch die Pester Ueberschwemmung in Erinnerung bringen wird. War im Lande ein Aufstand, so eilte unverweilt Beistand aus den übrigen

Provinzen herbei, und die Ordnung wurde schnell wieder hergestellt. Mit dem Blute der deutschen und slavischen Völker wurde Ungarn dem Feinde der Christenheit entrissen, und die Hinopferung der westlichen Theile der Monarchie konnte allein das östlich gelegene Ungarn vor dem gewaltigen Dränger Napoleon retten. Heldenmüthig und in der vollsten Eintracht mit dem Heere der deutschen und slavischen Völker Österreichs kämpfte der Ungar, und die Geschichte unterscheidet bei den gemeinschaftlichen Siegen nicht den Antheil, welchen die Treue und Tapferkeit des ungarisch, deutsch oder slavisch sprechenden Kämpfers hatte.

Eben so hat sich Ungarn nie von den Lasten ausgeschlossen, welche in Folge der Kriegsereignisse, dann für die Gesammtbedürfnisse der Monarchie nothwendig entstehen mußten, wiewohl die Beiträge, welche Ungarn an Geld und Gütern lieferte um dem Gesammtaufwande zu genügen, stets unter dem Verhältnisse der Volkszahl und den Hülfsquellen, welche die Natur diesem reich gesegneten Lande verliehen hatte, geblieben waren.

Diese Auffassung der Pragmatischen Sanction und des innigen Verbandes der die Monarchie bildenden Staaten findet sich noch während des sehr bewegten letzten Presburger Reichstages selbst in den Verhandlungen vor, bei welchen jene Partei das Übergewicht hatte, die späterhin das Staatsruder ergriff, und es noch jetzt fortführet. Die in den ersten Märztagen berathene Vorstellung über die Aufgaben des Reichstages am 14. März 1848 von der Proceres-Tafel angenommen, enthielt unter den Vorschlägen der Reform auf friedlichem Wege ausdrücklich das Verlangen: Se. Majestät der König möchte nicht blos Ungarn die öffentliche Rechnungslegung und ein verantwortliches Ministerium gewähren, sondern auch durch Bewilligung constitutioneller Einrichtungen für die übrigen Provinzen der Monarchie die kräftige Verschmelzung mit denselben und den brüderlichen Einklang sichern.

Leider sind die Mitglieder der ungarischen ständischen Deputation, wie sie mit dieser Vorstellung nach Wien kamen, von diesem Geiste der innigen Verbrüderung abgewichen, indem sie bei ihrem Verlangen nach einem verantwortlichen unabhängigen Ministerium dasselbe auch für die Departements des Handels und der öffentlichen Arbeiten, für das Kriegswesen und die Finanzen in Anspruch nahmen, ohne hiebei die Beziehungen zu den übrigen Ländern der Monarchie zu beachten, denen bereits am Tage vor der Ankunft der ungarischen ständischen Deputation, nämlich mit dem Patente vom 15. März 1848 die Constitution verliehen war.

Die Verhandlungen der ungarischen Stände-Deputation hatten zuerst nur die Berufung des Grafen Ludwig Batthyányi zur Bildung eines Ministeriums bewirkt; welcher Minister zwar mit dem Rundschreiben vom 17. März 1848 an alle ungarischen Jurisdictionen seine Wirksamkeit begann, das Ministerium selbst aber nicht früher als am 7. April 1848, wo die Allerhöchste Ernennung der einzelnen Minister erfolgte, definitiv zu Stande brachte.

Vorher schon, nämlich mit der Allerhöchsten Entschließung vom 17. März 1848 war die Errichtung eines verantwortlichen Ministerrathes in Wien angeordnet, und mit Allerhöchster Entschließung vom 20. März 1848 für die einzelnen Departements wie für jenes des Aeußern und des Hauses, des Krieges und der Finanzen waren verantwortliche Minister ernannt.

Dieses in Wien befindliche Ministerium hätte aber wohl nur dann einen bestimmenden Einfluß auf die Stellung nehmen können, in welche Ungarns Rathgeber der Krone dieselbe zu den nicht-ungarischen Ländern zu bringen suchten, wenn bei der Schaffung eines eigenen verantwortlichen ungarischen Ministeriums jene Verhältnisse gebührend in's Auge gefaßt worden wären, welche die Einheit der Bestandtheile der Monarchie zu sichern vermochten.

Mit dem Allerhöchsten Handschreiben an den Erzherzog Palatin vom 7. April 1848 wurde zwar die Nothwendigkeit und staatsrechtliche Verpflichtung geltend gemacht, vermöge welcher eine Scheidung der ungarischen Finanzen nicht ohne billige Rücksichtnahme auf die Theilung der gemeinsamen Staatsschuld Statt finden könne.

An demselben Tage war aber schon, wie dies bereits zuvor mit aller Anstrengung der herrschenden Partei eingeleitet war, ein eigener ungarischer Finanz- und Kriegs-Minister eingesetzt, und es konnte daher nur in der Rücknahme dieser Maßregel oder in der Festsetzung eines beschränkteren Wirkungskreises für diese beiden ungarischen Ministerien ein Answeg gefunden werden, um der Bedeutung der Pragmatischen Sanction keinen Abbruch zu thun.

Die an demselben Tage, den 7. April 1848 erfolgte Genehmigung des ungarisch ständischen Vorschlages, zur Deckung der Erhaltungskosten des A. h. Hofes, der Diplomatie und der zu den ungarischen Truppen erforderlichen verschiedenen Corps gegen nachfolgende Einrechnung an die Gesammt-Finanzen zu entrichten, ließ noch eine Hoffnung zurück, daß die nachfolgende Ausgleichung zwischen den in Wien befindlichen Central-Finanzen all jenes hinwegräumen werde, was auf den Verband der zur Monarchie gehörigen ungarischen und nicht-ungarischen Länder lockernd einwirken könnte.

Mit dem Handschreiben vom 10. April 1848 an den Erzherzog Palatin wurde auch erklärt, daß die Theilnahme der Militär-Gränze an der Beschickung des Reichstages durch Deputirte die innere Militär-Verfassung der Militär-Gränze nicht beirre, sondern deren Aufrechthaltung für die Sicherheit der Monarchie sowohl, als des Königreichs Ungarn unausweichlich gefordert und so lang unverändert bleiben werde, als hierin nicht die Gesetzgebung Sr. Majestät anders verfügen werde.

So wie die obenerwähnten A. h. Beschlüsse für die österreichisch-deutschen Staaten einige Gewähr für die Beachtung ihrer Interessen und des gemeinsamen Staatsverbandes zu bieten schienen, so liegt auch noch in der Vorrede des letzten Presburger Reichstagsgesetzes vom 11. April 1848 ein Stützpunkt, daß hierin feierlich von der Aufrechthaltung der gesetzlichen Verhältnisse gesprochen wird, welche durch die pragmatische Sanction eine unlösbare Verbindung Ungarns mit den übrigen österreichischen Ländern begründen. Allein schon die folgende Bestimmung des III. Artikels §. 2, daß der Erzherzog Palatin in Abwesenheit Sr. Majestät außer dem Lande die vollziehende Gewalt ausübe, enthält einen Widerspruch mit der zugleich in das Gesetz aufgenommenen Erklärung, daß die Einheit der Krone und der Verband der Monarchie unversehrt aufrecht erhalten werde, indem diese Übertragung eines Theiles der königlichen Macht auf den Erzherzog Palatin zu widersprechenden Handlungen des ungarischen und des nicht-ungarischen Ministeriums führen und die Einheit der Monarchie stören und gefährden muß.

Die wenigen gesetzlichen Bestimmungen des gedachten Reichstagsgesetzes lassen es im Unklaren, ob die Finanz- und Kriegs-Minister der ungarischen Regierung das ganze Gebiet des gewöhnlich so bezeichneten Verwaltungszweiges oder nur jene Gegenstände umfassen werden, welche lediglich das Königreich Ungarn allein angehen, während die mit den übrigen Ländern der Monarchie gemeinsamen Interessen noch von einer in Wien befindlichen Central-Gewalt geleitet würden. Namentlich war die Unterordnung der Militär-Gränze unter das ungarische Ministerium der Landesvertheidigung im Gesetze nirgends ausgesprochen. Allein mehr als das Reichsgesetz verlangte, und gegen die vorausgegangenen königlichen Befehle ward später auf möglichst vollständige Absonderung von der Central-Gewalt der Monarchie hingearbeitet, und der Überblick dessen, was die ungarische Regierung seit der Erlassung des Reichstagsgesetzes vom 11. April 1848 unternahm, zeigt bereits die Gefahren, in welche die Monarchie durch die Beendung der Wirksamkeit der Organe für die Wahrung der Central-Interessen gerathen ist.

Die Kriegs-, so wie die Finanz-Verwaltung bietet eine Reihe von Thatsachen dar, welche von der Spaltung und der anfänglich divergenten, später sogar feindlichen Richtung des ungarischen Ministeriums Zeugniß geben, welches anstatt die Quelle des Übels, das in der neuen Stellung des Erzherzogs Stephan und in der Einsetzung des ungarischen Kriegs- und Finanz-Ministers mit unbestimmten Attributen lag, zu verschließen, sich hinreißen ließ, Maßregeln zu treffen, die wohl vorübergehenden Parteimeinungen schmeicheln, keineswegs aber dem bleibenden Interesse der ungarischen Völker zusagen, noch weniger aber den großen Zwecken entsprechen konnten, die durch die Pragmatische Sanction verbürgt werden wollten.

Schon zu Anfang des Monats Mai schlug das ungarische Ministerium Sr. Majestät vor, Befehl an die vier General-Commanden von Ungarn und den damit vereinigten Königreichen zu erlassen, daß der III. Gesetzartikel §. 6 und 8 vom Jahre 1848 dahin zu verstehen sei, das in Ungarn befindliche Militär habe alle Befehle und Verordnungen nur im Wege des ungarischen Ministeriums zu erhalten, und dies finde auch auf die Militär-Gränze Anwendung. Am 19. Mai 1848 erließ der ungarische Minister-Präsident einen Aufruf an den Commandirenden in Siebenbürgen, daß er den Anordnungen des ungarischen Ministeriums Folge zu leisten habe, wo doch die Vereinigung Siebenbürgens mit Ungarn noch nicht festgesetzt war, und erst Gegenstand einer Berathung auf dem Klausenburger Landtage werden sollte. Gegen die Königreiche Kroatien und Slavonien wurde die Verfügung getroffen, daß ihre legal auf den 5. Juni 1848 einberufene Landes-Congregation aufgelöset, der Ban selbst aber zur persönlichen Verantwortung nach Innsbruck berufen, ja daß er mittelst Kundmachung des Generalen Freiherrn von Hrabovsky am 3. Juni 1848 seiner Banal-Würde entsetzt wurde.

Kaum hatte das in Wien befindliche Kriegs-Ministerium die den von Sr. Majestät feierlich zugesagten constitutionellen Grundsätzen entsprechende Einrichtung vorgenommen, und die Aufhebung des Hofkriegsrathes in seiner früheren Gestalt möglich gemacht, so deutete auch schon das ungarische

Ministerium diesen Schritt der nothwendigen Umgestaltung der früheren Hofstelle in ein verantwortliches Ministerium dahin, als ob hiedurch die Activität der Kriegsverwaltung im Centrum der Monarchie beschränkt und namentlich der Einfluß über die Militär-Gränze aufgegeben worden wäre, ganz im Widerspiele dessen, was Se. Majestät am 10. April 1848 in Absicht auf die unveränderte Belassung der Militär-Gränze in ihrer Grundeinrichtung dem ungarischen Ministerium zur Pflicht gemacht hatten.

Das ungarische Ministerium erwirkte ferner die Befehle Sr. Majestät vom 10. und 15. Juni 1848, daß die Verleihung der bei den ungarischen Truppen erledigten Stabsofficiers- und Generalsposten unter Contrasignatur des ungarischen Kriegs-Ministers vor sich gehe, und daß Dislocationen der ungarischen Truppen im Lande von demselben verfügt werden können, wodurch die Einheit des gesammten Heeres eben so wie die Verfügbarkeit desselben wesentlichen Abbruch erleidet und an militärischer Stärke verliert.

Leider haben sich ungünstigere Anzeichen der Spaltung in der Leitung der Heeresmacht darin gezeigt, daß das ungarische Ministerium während der Dauer des letzten Kampfes mit Sardinien und anderen italienischen Mächten von Zurückberufung der ungarischen Truppen und von den Bedingungen sprach, unter welchen allein die Stellung von Recruten oder die Militär-Hilfeleistung stattfinden sollte. Wirklich vermindert sich von Tag zu Tag der Stand der ungarischen Regimenter, und mit dem Jahre 1850, wo die zehnjährige Dienstzeit der im Jahre 1840 eingetretenen Soldaten zu Ende geht, wird die Auflösung oder die bedeutendste Verminderung der ungarischen Regimenter zu erwarten sein. Noch bedenklicher für die Einheit und Brüderlichkeit der durch die Pragmatische Sanction verbundenen Völker und Staaten sind die neueren Vorgänge des ungarischen Ministeriums und des in Pest versammelten gesetzgebenden Körpers. Das Ministerium erwirkte die Autorisation zur Aufstellung eines Heeres von 200.000 Mann, einer Macht die weit über das Maß der Landesvertheidigung oder eines Schutzmittels zur Niederdrückung einheimischer Aufstände und Empörung hinausreicht. Es trägt dieser Schritt des Ministeriums eine um so drohendere Farbe an sich, wenn damit zusammengehalten wird, was von demselben in dem gesetzgebenden Körper über die Linie der Politik gesagt worden ist, welche das ungarische Ministerium dem Frankfurter Parlamente und dem Wiener Ministerium gegenüber zu befolgen für gut erachte. Nicht minder bedrohlich und mit dauerhaften schädlichen, die Einheit der Monarchie zersetzenden Folgen begleitet sind die jüngst gefaßten Reichstagsbeschlüsse zu Pest über die Art der Bildung des neuen ungarischen Commando, des Fahneneides, ohne des dem Könige zukommenden Kaisertitels zu erwähnen, und führen eine Scheidewand zwischen den Kriegsvölkern auf, die bisher in wahrer edler Brüderlichkeit Glück und Unglück theilten, und es wird ohne irgend einen Anlaß, ja gegen die Stimmung der Heeres in dasselbe eine Spaltung gebracht und mit der glorreichen Vergangenheit von Jahrhunderten gebrochen!

Ohne Übereinstimmung der Kriegseinrichtung und Kriegsgesetze und ohne die bisher festgehaltene Verschmelzung der verschiedenen Truppenabtheilungen, wobei die Eigenthümlichkeiten des ungarischen Volksstammes gehörig beachtet wurden, kann nach solchen Beschlüssen und Bestrebungen von einer österreichisch-kaiserlichen und mit ihr vereinten königlichen ungarischen Armee nicht mehr die Rede sein, und doch liegt es nicht einmal in dem Ausdrucke des letzten Reichstagsgesetzes, daß der ungarische Kriegs-Minister mehr als die Landesvertheidigung auf sich nehme, und in keiner gesetzlichen Stelle kommt etwas von dem Verschwinden des Wirkungskreises des Wiener Hofkriegsrathes, an dessen Stelle nun der Wiener Kriegs-Minister getreten ist, vor.

Die Acte, welche von der ungarischen Finanz-Verwaltung seit 11. April 1848, dem Zeitpunkte der Sanction der letzten Presburger Reichstagsgesetze, unternommen worden sind, bilden eine lange Reihe von Anlässen zu Beschwerden Irrungen und Conflicten zwischen dem österreichischen und dem ungarischen Ministerium. Einige derselben dürften hier eine Stelle finden:

1. Die in den Cassen Ungarns vorhandenen Geldvorräthe wurden ohne Rücksprache mit der Wiener Central-Verwaltung und ohne Beachtung der darauf haftenden Verbindlichkeiten gegen Private und der gegenseitigen Forderung des allgemeinen Staatsschatzes in Besitz genommen und als Eigenthum der ungarischen Finanz-Verwaltung behandelt. Auch die sämmtlichen Activ-Rückstände der vorigen Verwaltung, deren Kosten von den gemeinschaftlichen Finanzen bestritten worden waren, werden letztern vorenthalten.

2. Ein Betrag von 120.000 fl. war bei dem Pester Salzamte zur Einlösung der Tabakblätter bestimmt, und da dieses Geld von dem ungarischen Finanzminister an sich gezogen, so war die Wiener Finanz-Verwaltung mit der Zahlung der vertragsmäßigen Tabakpreise in Verlegenheit gebracht. Bei dem Hauptzahlamte in Ofen ward eine zur Abfuhr des

Monats März bestimmte Überschußsumme von 200.000 fl. und eine Summe von 150.000 fl. für nach Ofen überschicktes Silbergeld den Central-Finanzen vorenthalten.

3. Die Vorschüsse, welche von den Central-Finanzen an einzelne Bergwerke geleistet worden waren und wofür die Rückerstattung in Bergwerks-Producten oder Activ-Forderungen geschehen sollten, wurden nicht berichtiget. Ferner wurden an Kupfergeld, das für die Staats-Centralcassa geprägt und bezahlt war, bei 94.000 fl. eingezogen, und in Karlsburg wurden noch vor der Union Siebenbürgens, nämlich am 3. Juni 1848, 20.000 Ducaten, die nach Wien hätten gesendet werden sollen, zurückbehalten.

4. Der Verschleiß des österreichischen Tabaks wurde untersagt, und die Temesvárer Tabakfabrik sollte, weil sie in Staatsregie betrieben wurde, aufgelöst werden. Vom 1. Juli 1848 an soll vom Centner sporco des österreichischen Tabakfabrikates bei der Einfuhr nach Ungarn 15 fl. Zoll, nämlich ein so hoher Betrag entrichtet werden, daß die Einfuhr unmöglich wird.

5. Ohne alle Rücksprache mit der in Wien befindlichen Finanz-Verwaltung legte der ungarische Finanz-Minister auf die in den österreichischen Raffinerien aus Colonial-Zucker erzeugten Raffinate einen Eingangszoll von 4 fl. pr. Centner netto und auf Syrup 1 fl. pr. Centner sporco.

6. Nicht minder wurde die Beschiffung der Ströme beirrt. Die Donau-Dampfschifffahrt erhielt kein Entgelt für die ihr abgenommenen Schiffe, sie verlor die Verbindung auf der untern Donau, und auf der Drau wurden Privatschiffe wegen beanständeter Ladung aufgehalten. Erst nach besonderem Einschreiten und längerer Verzögerung wurden die Bitten der Handeltreibenden berücksichtiget und dem Waarenzuge freier Lauf gelassen.

7. Noch bedenklicher waren die Maßregeln, welche den öffentlichen Credit, das Geld- und Bankwesen der Monarchie berühren.

Der ungarische Finanz-Minister gibt den Privilegien der österreichischen Nationalbank zuwider 12½ Millionen eigenes Papiergeld aus. Für die Übernahme eines Theils der gesammten Staatsschuld ist ungeachtet der am 7. April 1848 geschehenen Aufforderung nicht das geringste unternommen worden, so wenig gegründete Einwendungen dagegen vorgebracht werden können.

Jüngsthin wurde eine neue Hemmung des gegenseitigen Verkehrs zwischen Ungarn und den deutsch-österreichischen Ländern durch das Verbot ausgesprochen, nicht mehr als 500 fl. Silbergeld nach den österreichisch-deutschen Ländern mit einem Male ausführen zu dürfen. Bei der Gleichheit der Münze und in der innigen Verbindung der österreichischen Nationalbank mit allen in Ungarn vorhandenen Credits Unternehmungen ist dieser Schritt voraussichtlich für Ungarn selbst nachtheiliger als für die österreichisch-deutschen Länder; allein beklagenswerther ist die hiedurch sich offenbarende Richtung des ungarischen Finanz-Ministeriums, sich jedem Impulse des Augenblicks zu überlassen, und auf die freundnachbarlichen Beziehungen zu Österreich keinen Werth zu legen. Nicht unbemerkt kann endlich die Beschlagnahme der, der öffentlichen Transport-Anstalt anvertrauten Gelder der Privaten, wie der Fall des Diamantidi zeigte, gelassen werden, da solche Vorgänge sich von dem Vorwurfe der Eigenmacht oder Unordnung nicht loszählen, und nur auf das öffentliche Vertrauen und den Verkehr lähmend wirken können.

Das ungarische Ministerium dürfte sich bei der Reihe dieser für die Gesammt-Monarchie nachtheiligen Acte schwer gegen den Vorwurf vertheidigen können, daß hierin ein eigenmächtiges, ja selbst gegen die verbundenen Staaten feindseliges Benehmen liege.

Als Mistrauen erregend müssen endlich die Versuche erscheinen, welche von dem ungarischen Ministerium ausgingen, ganz gegen die Verfügung des letzten Reichstagsgesetzes aus dem Ministerium für die Beziehungen Ungarns zu den übrigen österreichischen Ländern (Art. III. 13, mindazon viszonyok, mellyek a hazát az örökös tartományokkal közösen érdeklik) einen Minister der auswärtigen Angelegenheiten zu machen, was insbesondere durch die Absendung zweier Individuen nach Frankfurt, und durch die im Repräsentantenhause zu Buda-Pest abgegebenen ministerialen Erklärungen vorbereitet und zur Ausübung gebracht werden wollte.

Diese Schritte im Zusammenhalte mit denjenigen, die das ungarische Ministerium in den einzelnen Zweigen der inneren Verwaltung vornahm, haben die Trennung Ungarns von den übrigen österreichischen Staaten weit über diejenige Linie hinausgeführt, innerhalb welcher allein die Pragmatische Sanction die beabsichtigten segensreichen Folgen hervorzubringen vermag.

Und doch ist diese allein der gemeinschaftliche von dem ungarischen Ministerium selbst erkannte Rechtsboden für die gegenseitigen Verhältnisse beider Staatstheile.

Nach dem Vorausgeschickten dürfte es nun auf die Lösung nachfolgender drei Fragen ankommen:

a) Stehen die Änderungen, welche die ungarische Landesregierung seit März 1848 vorgenommen hat, mit der Pragmatischen Sanction im Einklang oder im Widerspruch?

b) Sind die Änderungen dem Gesammtstaate oder dessen einzelnen Theilen zuträglich?

c) War der Monarch berechtigt, jene Zugeständnisse an einen Theil des Gesammtstaates zu machen?

Was nun die erste Frage betrifft, so müssen die Bestimmungen des Reichstagsgesetzes selbst in zwei Punkten als mit der Pragmatischen Sanction unvereinbar erscheinen. Der Wortlaut dieser Letzteren „indivisibiliter et inseparabiliter" ist durch die Zugestehung eines Wirkungskreises an den Erzherzog Stephan verletzt.

Denn dieser Wirkungskreis, für den Fall der Abwesenheit des Königs vom Lande angedeutet, greift in die Attribute der königlichen Macht, setzt neben dem Könige selbst eine zweite unverantwortliche Person ein, deren Verfügungen nur zu leicht in Widerspruch mit dem Könige selbst gerathen dürften.

Hierdurch ist das indivisibile imperium der Pragmatischen Sanction verletzt, und es kann diese Bestimmung des Reichstagsgesetzes selbst nicht für giltig und haltbar angesehen werden.

Nicht minder müssen jene Bestimmungen des Reichstagsgesetzes, welche einen besondern Handels-, Finanz- und Kriegs-Minister einsetzen, ohne die Beziehungen zum Gesammtstaate festzustellen, zur Auflösung des die Monarchie umschlingenden Bandes führen. Die Trennung des Heeres, des öffentlichen Credits, der dahin gehörigen öffentlichen Einrichtungen ist bereits eingeleitet, und das imperium inseparabile würde selbst in den äußern Verhältnissen bald zur Unwahrheit, wenn die Äußerungen, die im ungarischen Reichstage zu hören waren, und die von einer eigenen äußern Politik der ungarischen Krone sprachen, in Erfüllung gehen sollten.

Alle jene Verfügungen, die das ungarische Ministerium in Absicht auf den Oberbefehl des Heeres bei Sr. Majestät selbst ohne Wissen des österreichisch-deutschen Ministeriums erwirkte, sind, wie vorgedacht, eine Entfernung von dem Geiste und Zwecke der Pragmatischen Sanction; noch beklagenswerther aber stellen sich die vom ungarischen Ministerium für sich allein gewählten Maßregeln der Kriegs- und Finanz-Verwaltung, dann im Handelswesen als Abweichungen von dem Gange dar, zu welchem die Pragmatische Sanction verpflichtete.

Über die Beantwortung der Frage: ob dieser seit März 1848 befolgte Vorgang des ungarischen Ministeriums segensvolle Wirkungen äußerte oder nicht, kann kaum jemand im Zweifel sein, welcher die Lage des Königreiches in dem jetzigen Augenblicke näher erforschet.

Die österreichisch-deutschen Länder könnten nur freudigen Theil nehmen, wenn Ungarn rascher als bisher aufblühen und von einem eigenen verantwortlichen Ministerium alle gehofften Vortheile erlangen würde. Allein in dieser Art ausgeführt, von der Pragmatischen Sanction und ihrem wahren Sinne sich entfernend, hat die neue ungarische Regierung über das eigene Königreich Verwirrung, Geschäftsstockung, Unsicherheit des Geldwesens mit allen traurigen Folgen desselben, Mistrauen und Furcht der Besitzenden und Redlichgesinnten, endlich selbst Bürgerkrieg herbeigeführt. Das traurigste Bild wird durch die neuesten Ereignisse an der untern Theiß und Donau jedem Vaterlandsfreunde vorgehalten. Dieselbe Fahne wird von den Truppen des ungarischen Ministeriums und von den Reihen seiner Gegner in den Kampf getragen, dies- und jenseits fechten Soldaten die nach ihrem Eide sich als Brüder einigen sollten, namentlich gilt dies sogar von den Abtheilungen eines und desselben Regimentes, wie z. B. des 5. Artillerie-Regimentes. Was ist künftighin von der Disciplin, von dem militärischen Geiste eines so gespaltenen Heeres zu erwarten? und können diese Grenel, diese anarchischen Wirren geduldet oder irgendwo vertreten werden?

Für die Feinde des Kaiserthums ist auf solche Weise der Triumph in Aussicht gestellt, den Zerfall der Macht des Reiches, die Ausbreitung des Bürgerkrieges und der Verwirrung des öffentlichen und Privat-Credits demnächst zu erblicken. Auf diesem vom ungarischen Ministerium eingeschlagenen Wege der Absonderung ist weder für Ungarn noch für die ihm verbrüderten Nachbarstaaten ein Heil zu erwarten, und sind es nicht Feinde von außen, so werden innere Kämpfe die blutige Lehre geben, daß die Pragmatische Sanction nicht blos ein auf Pergament geschriebenes Wort, das man nach Willkür deuten und einseitig beinahe auf nichts zurückführen kann, nein! daß sie ein in die Herzen der Völker geschriebenes, die Grundbedingung ihrer Wohlfahrt Ruhe und Zufriedenheit enthaltendes Gesetz ist, gegen das niemand eine frevelhafte Hand ungestraft erheben darf. Die beengte Ansicht, von welcher das ungarische Ministerium bei der Auffassung und Anwendung der Pragmatischen Sanction ausgehen zu wollen scheint, kann durchaus nicht als haltbar und gedeihlich betrachtet werden. Es liegt in diesem heiligen Pacte der alten Stände und Landesvertreter nicht blos die Gewähr dafür, daß die Kronen Ungarns, dann Österreichs, Böhmens u. s. f. auf einem und demselben Haupte vereint ruhen, und daß die verbündeten Völker und Staaten sich gegenseitig wider innere und äußere Feinde schützen und kriegerischen Beistand leisten, es muß der alte Bund auch in dem alten Sinne noch ferner dahin gedeutet und hoch geachtet werden, daß ein Volk dem andern in seinem Wohlstand und geistiger Entwicklung behilflich sei, daß es die bisherigen gemeinsamen Förderungsmittel nicht zerstöre, sondern ausbilde und jeden Zwiespalt und Keim des Streites entfernt halte.

In Absicht auf die wichtigste Frage über die rechtliche Grundlage der seit März 1848 in der ungarischen Regierung eingetretenen Änderungen kann das österreichisch=deutsche Ministerium sich nur auf die Erwähnung einiger Haupt-Momente beschränken. Eine Änderung der Hauptbeziehungen, in welche die österreichisch=deutschen Lande durch die Pragmatische Sanction zu Ungarn gesetzt waren, konnte selbst vor den März=Ereignissen des Jahres 1848 von dem Kaiser von Österreich nicht für sich allein und ohne alle Vernehmung der Stände der einzelnen Provinzen vorgenommen werden. Die früher unbeschränkte kaiserliche Macht war nie in solcher Ausdehnung vorhanden und geübt worden, daß feierlich geschlossene Recesse und ständische Beschlüsse für sich allein geändert oder aufgehoben worden wären. Zu den wichtigsten öffentlichen Rechten gehörte aber die Festsetzung der Erbfolge. Die Pragmatische Sanction ist jenes Grundgesetz, durch das der Monarch zu dem Throne der Gesammt=Monarchie gelangt ist. Die unverbrüchliche Aufrechthaltung dieses Gesetzes und nicht eine Änderung desselben nach eigenem Gutbefinden ist in dem Berufe des Staatsoberhauptes gelegen. Dieses gilt noch viel entschiedener für die Zeit seit dem 15. März 1848.

Mit dem Patente vom 15. März 1848 haben nämlich Se. Majestät die Verleihung einer Constitution für alle deutschen slavischen und italienischen Provinzen ausgesprochen. Die legislative Gewalt war von diesem Zeitpunkte an nicht mehr in der früheren Art bei dem Monarchen allein. Eine Änderung oder Beschränkung der Pragmatischen Sanction, der Grundverhältnisse und Rechtsbeziehungen der deutsch=österreichischen Provinzen zu

Ungarn konnte daher von diesem Zeitpunkte an nicht mehr als eine definitiv geltende Norm betrachtet werden, und die Stände Ungarns mußten bei Fragen des staatsrechtlichen Verhältnisses zu den übrigen österreichischen Ländern diese wichtige durch das Patent vom 15. März 1848 eingetretene Änderung wohl in's Auge fassen, um so mehr, als, wie die Reihenfolge der Thatsachen nachweiset, vorerst das österreichisch-deutsche verantwortliche Ministerium errichtet und die Ansprüche wegen Theilung der Staatsschuld geltend gemacht wurden, bis späterhin dem Presburger Reichstagsgesetze die königliche Genehmigung ertheilt worden ist. Diese Bemerkungen genügen, um zu zeigen, daß den Rechten der österreichisch-deutschen Völker nicht durch Einrichtungen des ungarischen Ministeriums zu nahe getreten, und daß das Kaiserthum nicht durch einseitige Beschlüsse eines Theils der Monarchie auseinander gerissen, oder in Spaltungen gebracht werden dürfe.

Der Bestand eines von dem österreichischen Kaiserthume getrennten Königreiches Ungarn muß als politisch unmöglich bezeichnet werden; die Berührungen beider Ländermassen und der sie bewohnenden Völker sind zu innig und häufig, Jahrhunderte haben mit unzähligen Fäden des inneren gesellschaftlichen Lebens die Bewohner an einander gerückt, daß eine Trennung nicht ohne gefährliche Erschütterung abliefe. Eine Vereinigung, und zwar eine innigere als die frühere, würde wiederholt und selbst gewaltsam versucht werden, und solche Kämpfe könnten nicht anders als zum Anlasse dienen, daß fremde Eroberungssucht, oder industrielle Nebenbuhlerschaft den österreichischen und ungarischen Landen Schaden zufügten. Mit der Schwächung Österreichs, seiner Theilung in zwei Staaten, deren jeder für sich einen eigenen Weg einschlägt, sänke das Kaiserthum und Ungarn auf eine solche Stufe der Schwäche im Innern und gegen außen herab, daß daraus nothwendig eine Störung des Gleichgewichtes in Europa hervorginge, und daß die fremden Mächte, denen an der Erhaltung eben dieses Gleichgewichtes gelegen wäre, diese Schwächung Österreichs nicht dulden könnten.

Es stellt sich sonach die unbedingte Nothwendigkeit heraus, die seit März 1848 in der ungarischen Regierung angenommenen Einrichtungen nach den Bedürfnissen der Gesammt-Monarchie und nach dem Wortlaute und Sinne der Pragmatischen Sanction zu ändern und solche Vorkehrungen gemeinsam mit dem österreichisch-deutschen Ministerium zu treffen, daß die Einheit der Monarchie gesichert, die Zwecke der Pragmatischen Sanction vollständig erreicht, und eine vereinte oberste Staatsleitung wieder hergestellt werde.

III.

Sitzung des revolutionairen ungarischen Reichstags in der reformirten Kirche zu Debreczin am 14. April 1849.

(Nach dem Közlöny.)

Am 14. April hielt das ungarische Repräsentantenhaus in der großen reformirten Kirche zu Debreczin, unter einer zugeströmten Zuhörermenge, eine öffentliche Sitzung. Kossuth stellte folgende Anträge:

„1. Ungarn wird mit dem gesetzlich vereinten Siebenbürgen und allen zugehörigen Ländern Theilen und Provinzen als freier selbstständiger unabhängiger europäischer Staat proclamirt, und die Territorial-Einheit und Integrität dieses ganzen Staates für untheilbar und unantastbar erklärt.

„2. Indem das Haus Habsburg-Lothringen durch seinen Verrath Treubruch und Waffenergreifen gegen die ungarische Nation, nicht minder durch das Wagnis, wornach es die Zerstücklung der Territorialintegrität des Landes, Siebenbürgens und Croatiens Losreißung von Ungarn und die Tödtung des selbstständigen Staatslebens mit Waffengewalt zu versuchen, und zu diesem Behufe sogar die bewaffnete Macht eines auswärtigen Staates zum Mord des Volkes zu verwenden sich erfrechte, sowohl die Pragmatische Sanction als überhaupt jene Bande, die auf Grundlage beiderseitiger Verträge zwischen demselben und Ungarn sammt seinen Appertinenzen bestanden, mit eigenen Händen zerrissen: so wird demnach dieses treubrüchige Haus Habsburg-Lothringen von der Herrschaft über Ungarn,

Siebenbürgen und alle hiezu gehörigen Länder und Provinzen hiemit im Namen der Nation auf ewige Zeiten ausgeschlossen, ausgeschieden und aus dem Gebiet des Landes und dem Genuß aller Bürgerrechte verbannt. Demgemäß es hiemit im Namen der Nation als thronverlustig ausgeschlossen und verbannt erklärt wird.

„3. Indem die ungarische Nation kraft ihres unveräußerlichen Rechtes als selbständiger und unabhängiger freier Staat in die europäische Staatenfamilie eintritt, erklärt sie zugleich, daß es ihr entschiedener Wille ist, allen anderen Staaten gegenüber, wenn ihre eigenen Rechte nicht verletzt werden, Friede und Freundschaft zu bezeigen, und hauptsächlich mit jenen Völkern die ehedem mit uns unter einem Fürsten gestanden, als auch mit den benachbarten türkischen und italienischen Ländern eine gute Nachbarschaft zu gründen, zu wahren und auf Grundlage der gegenseitigen Interessen mittelst freundschaftlicher Verträge in Bündnisse zu treten.

„4. Das zukünftige Regierungs-System in allen seinen Einzelheiten wird die National-Versammlung feststellen; bis dies den obigen Grundsätzen gemäß festgesetzt ist, wird ein regierender Präsident mit sich beizugesellenden Ministern, unter eigener und der durch ihn zu ernennenden Minister persönlicher Verantwortlichkeit und Rechenschaftsverbindlichkeit, das Land in seiner ganzen Ausdehnung regieren."

Unter Freudenthränen und gränzenloser Begeisterung aller Anwesenden haben die Repräsentanten die Kossuth'schen Anträge mit vollständiger Übereinstimmung zu den ihrigen gemacht.

Zugleich wurde Kossuth einstimmig zum regierenden Präsidenten erwählt, und das Oberhaus trat diesem so wie den obigen Beschlüssen einhellig bei.

IV.

Adresse von Einhunderteinunddreißig ungarischen Herren welche Seiner Majestät bei Allerhöchstderen Anwesenheit im Lande im Frühjahr 1857 überreicht werden sollte.

Euere Kais. Königl. Apostolische Majestät!

Allergnädigster Herr!

Die Erfahrung von Jahrhunderten hat unser Vaterland in guten und bösen Zeiten belehrt, daß die Vorsehung eine Nation durch keine höhere Gabe beglücken könne, als durch die Kraft, die Selbstthätigkeit und die Gerechtigkeitsliebe ihres Regenten. Die Erfahrung bringt das Vertrauen der Unterthanen hervor welches, als lebendes Vermächtnis von Geschlecht zu Geschlecht fortgepflanzt, die Innerlichkeit und Nachhaltigkeit der dynastischen Gefühle erzeugt und so zur sichersten Stütze der Throne erstarkt.

Die sichere Kunde, daß Eure Majestät im Mittelpunkte des Landes längere Zeit verweilen und dasselbe in verschiedenen Richtungen neuerdings zu bereisen beabsichtigen, konnte daher nur Freude und Hoffnung erwecken. Diese Freude hat hier ihren ersten Ausdruck gefunden, und derselbe wird Eure Majestät auf der ganzen Reise geleiten. Sie erhöht sich durch das Dankgefühl, welches Ungarn Eurer Majestät dafür schuldet, daß Allerhöchst Dieselben die Reise in Begleitung jener hohen Frau unternommen haben, an die Allerhöchst Ihr Lebensglück geknüpft ist.

Ihren treuen Unterthanen wird hiemit Gelegenheit geboten zu beweisen, daß der Anblick des persönlichen Glückes ihres Landesfürsten zu der ergiebigsten Quelle ihrer eigenen Zufriedenheit werden kann.

Unsere Hoffnungen, Allergnädigster Herr, sind an die Persönlichkeit Ew. Majestät geknüpft! Die Vorsehung hat Ew. Majestät mit allen jenen Gaben ausgerüstet, welche AllerhöchstIhre Selbstthätigkeit zu einer für das Vaterland segensreichen, AllerhöchstIhr Erscheinen unter uns zu einem auch für unsere Nachkommen ewig denkwürdigen machen können.

Diese allgemeinen Hoffnungen haben die allgemeine Freude hervorgerufen. Sie sind die aufrichtige und wahre Huldigung einer treuen Nation; aber sie gereichen auch Jenem zur Ehre von dem sie ausgehen, und eben deshalb möge es uns gestattet sein zu hoffen, daß ihr vertrauens- und achtungsvoller Ausdruck auch Eurer Majestät lieb und werth sein werde.

Erfüllt von diesen Hoffnungen harrte Ungarn, harrten auch wir der Ankunft Eurer Majestät entgegen; von diesen geleitet, nahen wir dem erhabenen Throne Eurer Majestät; durchdrungen von der Wichtigkeit des Momentes und der großartigen Bedeutsamkeit des Aufenthaltes Eurer Majestät in unserem Vaterlande, können wir nichts sehnlicher wünschen, als daß Allerhöchst Dieselben den Zustand desselben vollkommen kennen lerne.

Wäre es nach unserer innersten Überzeugung nicht ohnehin unsere unerläßliche Pflicht gegen unser Vaterland gewesen, zu dieser Erkenntnis der wahren Lage der Dinge beizutragen, so wäre unser Schweigen in diesem Augenblicke eine Pflichtversäumnis gegen Eure Majestät; wir dürfen nicht mehr schweigen, da wir aus AllerhöchstIhrem eigenen erhabenen Munde die für uns unvergeßliche Erklärung zu vernehmen so glücklich waren, daß es Eurer Majestät hoher Wille ist, „sich von den Zuständen und Bedürfnissen Ihres geliebten Ungarns persönlich zu überzeugen und die allgemeine Zufriedenheit des Landes zu sichern".

Wir sprechen daher Allergnädigster Herr — wir die wir zuerst so glücklich waren, in diesen hoffnungsreichen Worten den Allerhöchsten Willen Eurer Majestät zu erkennen — wir sprechen so wie es unsere Treue und Gewissen gebieten, indem wir die höchsten Interessen Eurer Majestät und der gesammten österreichischen Monarchie im Auge behalten. Wir sind unvermögend jene unseres Vaterlandes von diesen zu trennen und getrennt zu denken, oder sie mit denselben in Gegensatz bringen zu wollen.

Das höchste Bedürfnis dieses Landes besteht darin, Allergnädigster Herr, daß es jenen Glauben bewahren könne, welchen es in Glück und

Unglück stets gehegt hat, und jener Hoffnungen nicht verlustig werde, welche sich im Laufe der Jahrhunderte so oft verwirklicht haben.

Dieser Glaube liegt darin, daß die Herrschaft des durchlauchtigsten Erzhauses Österreich und die Verbindung Ungarns mit der österreichischen Gesammt-Monarchie alles jene am nachhaltigsten verbürge, was die Nation als das theuerste Ergebnis ihrer ganzen geschichtlichen Entwicklung betrachtet: die Möglichkeit nämlich, getreu ihrer Vergangenheit und ihrem Charakter mit der Zeit fortzuschreiten, ihre Nationalität zu bewahren und die Territorial-Integrität ihres Landes innerhalb der durch Jahrhunderte feststehenden Gränzen aufrecht zu erhalten.

Die Hoffnung aber ist daß, gleichwie schon öfter die Großherzigkeit und Weisheit unserer Regenten die Gefahren abgewehrt hat welche die theueren Güter bedrohten, wir auch diesmal dieses Ergebnis unserem Monarchen zu danken haben werden.

Dieser Glaube und die Hoffnung, Allergnädigster Herr, sind im Laufe der Jahrhunderte mit allen Gefühlen und Gedanken des ungarischen Volkes erwachsen; aus diesen entspringt die Innigkeit und Nachhaltigkeit der, leider mitunter erschütterten, doch stets mit erneuerter Kraft wieder erwachten dynastischen Empfindungen; diesen entquillt die Pietät, welche in Aufrechthaltung der Einheit der Monarchie sich oft mit so entscheidendem Gewichte bewährte. Dieser Glaube und diese Hoffnung von Geschlecht zu Geschlecht vererbt, sind das organische Band welches unser Vaterland an die Gesammtheit der Monarchie knüpft. Und deshalb, Allergnädigster Herr, mit der innigsten Wärme unserer wahren Treue, mit der vollen Aufrichtigkeit unserer gewissenhaften Überzeugung, im Vorgefühle unserer Unterthanspflichten, als Wiederhall endlich der Allerhöchsten Aufforderung rufen wir Euer Majestät flehend zu:

Geruhen Euer Majestät Allergnädigst zu bewirken, daß das Land in diesem seinen Glauben erstarke, daß es dieser seiner Hoffnung nicht verlustig gehe!!!

Wir müßten Euer Majestät die Wahrheit verhehlen, wenn wir verschweigen wollten, daß uns nach unserer Kenntnis der Denk- und Fühlweise, der Verhältnisse, der Vergangenheit und Gegenwart des Landes dieser Weg als derjenige erscheint, dessen Betreten und Verfolgung jene Beruhigung und jenen inneren Frieden der Gemüther herbeiführen kann, welche die von Euer Majestät beabsichtigte allgemeine Zufriedenheit Ihrer ungarischen Völker zu sichern vermögen.

Vieles, Allergnädigster Herr, ängstiget und beunruhigt die Gemüther, aber die Weisheit Euerer Majestät wird selbst aus unserer kurzen Darstellung Allergnädigst erkennen, wie naturgemäß und vollkommen gerechtfertigt der Schmerz ist, wie dringend die Heilung die unsere Zustände erheischen.

Von den durch Jahrhunderte bestandenen Institutionen des Landes ist nur der Name der Comitate noch übrig; von der Territorial=Integrität des Landes sind ergänzende Theile abgetrennt; die administrative Einheit unseres Vaterlandes ist durch die fünf Statthalterei=Abtheilungen aufgehoben.

Auf dem Felde der politischen Verwaltung wie auf jenem der Rechtspflege, sind an die Stelle langgewohnter einfacher und wohlfeiler Formen ungewohnte und mit vielen Unkosten verbundene getreten. Auf diesen Gebieten ist die ungarische Sprache großentheils schon aus fast allen Zweigen entfernt, und wird es mehr und mehr.

Auf dem Felde des öffentlichen Unterrichtes macht sich dieselbe Richtung bemerkbar. In den höheren Schulen ist die ungarische Sprache gänzlich beseitigt, in den übrigen will sie von 1861 an nur auf einige Gegenstände beschränkt und das Deutsche auch hier überwiegend als Unterrichtssprache eingeführt werden. In allen Zweigen der öffentlichen Verwaltung werden in großer Zahl solche Beamte verwendet, die nicht in diesem Lande geboren, mit den Verhältnissen, mit der Sprache, mit den Gewohnheiten und Interessen des Volkes unbekannt sind. Die innere Verfassung der Städte ist aufgehoben, an die Spitze der Gemeindeangelegenheiten werden Persönlichkeiten berufen die fremden Gemeinden angehören, hie und da auch schon solche die nicht eingeborne Söhne dieses Landes sind. Im Kreise der privatlichen Verhältnisse herrscht ein ganz neues Gesetzbuch, welches, als es verfaßt wurde, nicht mit der Absicht geschaffen werden konnte, daß es einst auf unser Vaterland angewendet werden wird. Zur Einführung dieses Gesetzbuches wurde eine ganz neue Proceß=Ordnung festgestellt. Dasselbe gilt von der strafbaren Gerichtspflege.

Bei dem Anlasse, als das gesammt=österreichische Besteuerungs=System welches sich daselbst im Laufe mehrerer Generationen entwickelt hat, im

Verlaufe weniger Jahre in Ungarn eingeführt ward, sind manche seiner Grundsätze in Anwendung gebracht worden, ohne daß den hierortigen Verhältnissen, die von den dort bestehenden wesentlich abweichen, gehörige Rechnung getragen worden wäre.

Wir enthalten uns mehreres anzuführen, weil das Gesagte zur Genüge beweist, wie viel im Obigen liegt, wodurch wir die theuersten Güter unseres gesammten Nationallebens gefährdet sehen müssen. Unser Schmerz ist um so tiefer, weil wir im hier erwähnten nicht die nothwendigen Consequenzen der Reichseinheit zu sehen vermögen. Zugleich zwingt uns unsere treue Ergebenheit an Euer Majestät, eben so wie unsere tägliche Erfahrung, es offen auszusprechen, daß jenen erhabenen Absichten, von welchen nach unserer innigsten Überzeugung Euere Majestät in allen Verfügungen geleitet werden, die Ergebnisse nicht entsprechen und daß der Zweck einer wirksamen ineinandergreifenden Rechtspflege, der beabsichtigten entsprechenden Sicherheit des Eigenthums und der Person nicht erreicht werden konnte. Das Neue besitzt nicht die Vorzüge, welche die altgewohnten und mit dem ganzen Leben der Nation verwebten Institutionen besaßen, Institutionen welche ungeachtet ihrer unzweifelhaften Mängel dennoch den Keim der Verbesserung in sich trugen und bei großer Einfachheit und Wohlfeilheit in der Verwaltung und Ueberwachung der öffentlichen Geschäfte die Einwirkung von Elementen sicherten, die mit den Verhältnissen vertraut und mit den Interessen der Bevölkerung homogen waren.

Als Beweis der Wahrheit unserer Behauptung dienen jene Schwierigkeiten mit welchen die Verwaltungs-Organe Euer Majestät zu kämpfen haben, dient die Anhäufung der Geschäfte welche die stets wachsende große Zahl der öffentlichen Beamten kaum mehr zu bewältigen vermag, dient endlich die Menge der hiezu erforderlichen Kosten welche mit steigendem Gewicht auf die Finanz-Zustände der Monarchie drückt und unsere eigene Steuerkraft bedroht.

Wir sind überzeugt daß Euer Majestät in Ihren Allerhöchsten Verfügungen die reinste Absicht der Verbesserung unserer Zustände geleitet hat. Indessen wurden die neuen Einrichtungen in einem Augenblicke beschlossen, als die durch die vorangegangenen Ereignisse erschütterten Gesammt-Zustände den Überblick ihres inneren Zusammenhanges bedeutend erschweren mußten. Eure Majestät werden daher nicht allein die Hoffnung naturgemäß und gerechtfertigt zu finden geruhen, daß in der Wagschale der Allerhöchsten Entschließungen die Erfahrung und die Praxis das entscheidende Gewicht bilden, sondern auch jene unsere allerunterthänigste Bitte gestatten, daß diese Einrichtungen mit Rücksicht auf die gewonnenen Erfahrungen einer erneuerten Erwägung unterzogen werden.

Wir können nicht zweifeln, daß im Verlaufe derselben Eure Majestät sich Allergnädigst überzeugen werden daß es möglich sei, die geschichtlich gewordenen und im Leben der Nation wurzelnden Institutionen unseres Vaterlandes, für welche Pietät und Verehrung im Volke leben, mit den Anforderungen der Zeit, mit den Geboten der Einheit der Monarchie und einer energischen Regierung in Einklang zu bringen.

Wir hegen die reinste und innigste Überzeugung, daß, indem wir die Bewahrung der theuersten Güter unseres Nationallebens von Eurer Majestät erbitten und die Zustände unseres Vaterlandes, welche der Abhilfe harren, mit gewissenhafter Offenheit darlegen, nichts in unserer Bitte liegt, was mit den Interessen Eurer Majestät und denen der Gesammt-Monarchie im Widerspruche wäre. Wir wünschen keine Vorrechte gegenüber der die Monarchie bildenden Völker, wir sehnen uns nur nach dem was uns theuer, nicht nach solchem was ihnen nachtheilig sein könnte. Wir wünschen keine Vorrechte und kein Übergewicht für einzelne Ständeclassen unseres Vaterlandes, die ohnehin denselben auf gesetzlichem Wege entsagt haben. Wir wollen nichts gewinnen, wohl aber Verluste von Eurer Majestät und der Monarchie abwehren. Wir beabsichtigen nicht, uns gegen eine höhere Cultur und gegen die wahren Fortschritte der Zeit und des Jahrhunderts abzuschließen: jene wollen wir in uns aufnehmen, die Früchte der letzteren wollen wir genießen, indem wir gleichzeitig unseren nationalen Charakter bewahren, unsere Nationalität und Eigenthümlichkeit veredeln.

Es hat das Land, es haben auch wir den Ruf der Zeit vernommen, wir hörten und hören auf die im Laufe der Geschichte an uns ergangenen Mahnungen. Das Land fühlt es, und wir fühlen es mit demselben, daß die Ereignisse von 1848/9 immer Trauerblätter in unserer Geschichte bleiben werden. Unsere Erinnerungen trüben unsere Einsicht nicht. Wir haben es begriffen, was die nothwendige Consequenz dieser Ereignisse ist. Wir betheiligen uns bereitwillig mit allen Unterthanen Eurer Majestät in allem was die Aufrechthaltung Mehrung und Kräftigung des Ansehens, der Sicherheit, der Macht der Gesammt-Monarchie erheischt. Die Macht Eurer Majestät und die Kraft der Monarchie ist unsere Sicherheit, die allgemeine Wohlfahrt der Monarchie ist unser Gedeihen.

Die Einheit der Monarchie, Allergnädigster Herr! ist der Erwerb von Jahrhunderten; sie ist das Ergebnis des Zusammenwirkens der natürlichen Kräfte der Monarchie.

Jeder denkende Sohn Ungarns hat das Bewußtsein, daß ein bedeutender Theil dieses gemeinsamen Gutes seinem Vaterlande zukommt. Der Glaube, daß das kostbarste was wir in unserem Nationalleben erworben, darin seine Bürgschaft und sichersten Hort finden würde, hat unsere Ahnen unter den Scepter des durchlauchtigsten Erzhauses geführt, hat dieses Land an die übrigen Reiche Eurer Majestät geknüpft.

Ein Volk, das Vergangenheit hat, vermag nie seine Geschichte zu vergessen. Das Land hat die großen Lehren aufgefaßt welche sie enthält, und das Interesse Eurer Majestät erheischt daß es dieselben nicht vergesse. Unser Vaterland fühlt die Verpflichtung und faßt sie vollkommen auf, welche es Eurer Majestät und der Gesammt-Monarchie schulden wird, indem es sich jener Sicherheit, die dasselbe in diesen beiden einstens suchte und fand, auch in Zukunft wird erfreuen können.

Das Land ist reif für das Verständnis dieser Verpflichtungen, es ist vorbereitet sie zu erfüllen; es ist zu allem vorbereitet, nur zu dem nicht daß es sich selbst untreu werde, daß es sein Selbstgefühl verläugne, daß es dem Glauben entsage, aus welchem sein dynastisches Gefühl und seine dynastische Pietät entspringen.

Allergnädigster Herr! In Eurer Kais. Königl. Apostolischen Majestät vereinigen wir unsere Hoffnungen, daß Allerhöchst Dieselben diese unersetzlichen Verluste von Allerhöchst Sich selbst, von dem durchlauchtigsten Herrscherhause, von der Gesammt-Monarchie, von unserem Vaterlande und von uns gnädigst abwenden werden.

Wir ersterben in der tiefsten Ehrfurcht und Unterthänigkeit
Pest den 9. Mai 1857.

Johann v. Scitovszky, Cardinal, Primas von Ungarn.
Joseph Kunszt, Erzbischof von Kalocsa.
Johann Ranolder, Bischof von Veszprim.

Alexander Csajághy, Bischof von Csanád.
Fürst Anton Pálffy.
Graf Emerich Batthyányi, vorm. Richter der höchsten Behörde, Ober-Gespann des Zalaer Comitats.
Graf Georg Apponyi, vorm. ungar. Hof-Kanzler.
Baron Samuel Josika, vorm. siebenb. Hof-Kanzler.
Graf Georg Andrássy, vorm. Ober-Gespan vom Sároser Comitat.
Graf Stephan Károlyi.
Graf Felix Zichy-Ferraris, vorm. Administrator des Eisenburger Comitats.
Graf Emil Dessewffy.
Graf Ludwig Károlyi, vorm. Ober-Gespan in Neutra.
Graf Johann Cziráky, vorm. Administrator im Stuhlweißenburger Comitat und Ober-Landes-Richter.
Ladislaus v. Szögyényi, vorm. Vice-Kanzler von Ungarn, jetzt Reichsrath.
Paul Györky, vorm. Ober-Gespan des Krassó'er Comitats.
Stephan David Marich, vorm. Ober-Gespan des Beszprimer Comitats.
Graf Leopold Nádasdy, vorm. Ober-Gespan in Komorn.
Graf Nicolaus Bánffy.
Franz v. Tihanyi, vorm. Ober-Gespan des Temeser Comitats.
Marquis Alphons Pallavicini. Graf Gustav Königsegg.
Baron Joseph Eötvös.
Graf Georg Károlyi, vorm. Ober-Gespan des Szathmárer Comitats.
Joseph von Uermenyi, vorm. Ober-Gespan des Tolnaer Comitats.
Baron Paul Sennyei.
Graf Heinrich Zichy, vorm. Ober-Gespan in Wieselburg.
Graf Johann Barkóczy. Eduard von Zsedényi.
Graf Anton Szécsen, vorm. Ober-Gespan des Veröczer Comitats.
Georg Majláth der Jüngere.
Paul Kiß, vorm. Gouverneur vom ungarischen Litorale.
Baron Emerich Miske. Graf Edmund Zichy.
Graf Nicolaus Zichy der Ältere.
Graf Rudolph Wenkheim. Graf Kálmán Nákó.
Graf Franz Hunyady. Graf Alexander Károlyi.
Graf August Festetics. Johann von Csekonics.
Baron Béla Wenkheim. Graf Joseph Hunyady.

Graf Paul Pálffy. Graf Joseph Zichy.
Franz von Uerménhi, vorm. Kronhüter.
Graf Johann Nemes. Graf Karl Apponyi.
Graf Camillo Zichy. Graf Louis Apponyi.
Graf Johann Waldstein.
Baron Georg Révay, vorm. Ober-Gespan des Thuróczer Comitats.
Graf Valentin Török. Baron Karl Luszenzky.
Graf Karl Wenkheim. Graf Ferdinand Zichy.
Baron Ladislaus Orczy. Graf Arthur Batthyányi.
Baron Anton Nyáry. Baron Béla Orczy.
Baron Andreas Orczy. Graf Stephan Szapáry.
Baron Anton Liptay. Graf Georg Almásy.
Guido von Karácsonyi. Graf Eduard Károlyi.
Baron Simon Révay. Graf Anton Szapáry.
Graf Alfred Andrássy. Graf Emanuel Andrássy.
Graf Kálmán Szechényi. Graf Gyula Szechényi.
Graf Maximilian Kollonits.
Baron Albert Prónay, vorm. Administrator des Pester Comitats.
Baron Georg Orczy. Bartolomäus v. Blaskovits.
Graf Emanuel Zichy-Ferraris. Graf Johann Rhédey.
Graf Dénes Festetics. Graf Franz Erdödy.
Graf Dénes Szechényi. Graf Abraham Nemes.
Graf Ladislaus Pejacsevich. Franz von Fiáth.
Graf Stephan Erdödy. Graf Dominik Bethlen von Iktár.
Graf Gedeon Ráday. Kálmán von Ghyczy.
Graf Gyula Festetics. Sigismund von Bohus.
Georg von Zsivora. Ignacz Lang. Stephan Mannó.
Friedrich Fröhlich, Großhändler in Pest.
Ludwig Meszlényi. Gabriel Lonyay. Johann Reseta.
Johann Havas. Paul Gosztonyi. Baron Georg Ambrózy.
Graf Karl Elz. Graf Julius Szapáry.
Graf Dénes Almásy. Graf Béla Festetics.
Graf Stephan Bolcza. Johann Bohus von Világosvár.
Gustav Kállay. Vincenz Almásy. Baron Ludwig Döry.
Franz Jalits, Großhändler in Pest.
E. S. Friedrich Liedemann, Großhändler in Pest.
Baron Vincenz Gerliczy.

Johann Wallheim, Großhändler in Pest.
Ignaz Perger, Großhändler in Pest.
Graf Leo Festetics, vorm. Administrator in Tolna.
Emerich Sztánkovánszky.   Graf Nicolaus Zichy der Jüngere.
Stephan Rádossy, Großhändler in Pest.   Alexander Bécsey.
Franz Karczag, Hutfabrikant in. Pest.   Kasimir Sárközy.
Alexander Bertha.   Graf Paul Zichy.
Anton Marczibányi.   Nicolaus Kiss.
Anton von Rabbánsky.   Rudolph Fuchs, Großhändler in Pest.
Edmund Jukey.   Graf Ladislaus Zichy d. J.   Georg Bajzáth.

V.

Memorandum, von einer Anzahl ungarischer Magnaten im August 1862 in Sauerbrunn bei Rohitsch entworfen und dem Königl. ungarischen Hofkanzler Grafen Forgách überreicht.

Obschon die Versuche einer Verständigung der österreichischen Politik mit Ungarn durch beinahe zwei Jahre der Hauptgegenstand aller politischen Debatten gewesen, so ist man wegen der formalen Hindernisse doch nicht einmal dazu gekommen, die letzten Ursachen der Meinungsverschiedenheit zu bestimmen, die äußerste Gränze der Landes-Autonomie und der Reichseinheit aufzusuchen, die Differenzpunkte des 26. Februar und der 1848er Gesetze zu finden. So lang dies aber nicht geschieht, fehlen die Elemente einer Verständigung, und in so lang eine solche nicht einmal in Aussicht steht, nicht für möglich gehalten wird, ist an eine Überwindung der formalen Schwierigkeiten nicht zu denken. Von diesem Circulus vitiosus gibt uns der Herr Staats-Minister den schönsten Beweis: Keine Einberufung des ungarischen Landtages ohne Garantie einer Reichsrathsbeschickung und keine mögliche Beschickung des Reichsrathes ohne Einberufung des Landtages; keine Änderung der Februar-Verfassung außerhalb des Rahmens derselben, keine Änderung der 1848er Gesetze außerhalb des legalen Bodens.

So weit hätten wir es gebracht! Aber warum das Eine dem Andern widerspricht, was an dem Einen oder dem Andern geändert werden soll, das ist eine unbekannte Größe. Man sagt nur: Österreich kann ohne einheitliche Leitung der Finanzen und des Krieges nicht bestehen, die 1848er Gesetze negiren diese gemeinschaftliche Leitung, also kann die Regierung, ohne einen Selbstmord zu begehen, den legalen Boden nicht betreten. Der erste Satz ist falsch, der zweite Satz ist falsch, und selbst die

Discussion darüber ist unfruchtbar, insolang der Umfang des Begriffes Finanz- und Kriegs-Ministerium nicht bestimmt ist.

Der §. 8 des III. Gesetz-Artikels 1848 sagt: Die Verwendung der ungarischen Armee außerhalb des Landes, wie auch die Besetzung der militärischen Amtsstellen wird Se. Majestät mit Gegenzeichnung des im Sinne des 13. Paragraphes Sr. Königlichen Person zugetheilten Ministers bestimmen. Dieser Paragraph beweist, daß der Minister der Landesvertheidigung zu Pest ganz etwas anderes ist, als ein Kriegs-Minister nach allgemein europäischer Auffassung, denn weder die Verwendung der Armee noch die Besetzung der Amtsstellen gehören in seinen Bereich; er beweist, daß selbst die 1848er Gesetze eine centrale Leitung in Wien anerkennen und zulassen.

§. 6 desselben Artikels bestimmt den Wirkungskreis des ungarischen Ministeriums folgendermaßen: In allen Gegenständen, welche bisher in den Wirkungskreis der Königlich ungarischen Hofkanzlei, der Königlich ungarischen Statthalterei und der Königlich ungarischen Hofkammer mit Inbegriff des Bergwesens gehörten, oder gehören sollten; wie auch im allgemeinen in allen Civil-, kirchlichen, Ärarial-, Militär- und insgemein allen Angelegenheiten der Landesvertheidigung wird fortan Se. Majestät die vollziehende Gewalt ausschließlich nur durch das ungarische Ministerium ausüben. Es ist durch diese Bestimmung, mit Ausnahme der Militär-Angelegenheiten, dem Ministerium durchaus kein größerer Wirkungskreis zugewiesen, als factisch vor 1848 die ungarischen Behörden hatten; ihr Name nur ist geändert, der Schwerpunkt mehr nach Pest verlegt. Daß aber ein Theil der Gewalt in Wien zu verbleiben habe, beweist §. 13, welcher folgendermaßen lautet: Einer der Minister wird beständig um die Person Sr. Majestät sein, und auf alle Verhältnisse, welche das Vaterland und die Erb-Provinzen gemeinschaftlich betreffen, seinen Einfluß ausübend, das Land unter Verantwortung vertreten. §. 20: Dem um die Person Sr. Majestät zu ernennenden Minister werden mit dem erforderlichen Amts-Personale zwei Staatsräthe zugetheilt, welche gegenwärtig aus den Referendaren der ungarischen Hofkanzlei auf den Vorschlag des betreffenden Ministers ernannt werden.

Diese Paragraphe beweisen, daß die 1848er Gesetze höhere gemeinschaftliche Interessen mit den Erbländern anerkennen, die außerhalb des Pester Ministeriums in Wien vertreten werden müssen. Wie elastisch diese Fassung ist, beweist der Umstand, daß beispielsweise Se. Majestät aus gegenwärtigen Cabinets-Mitgliedern einen ungarischen Minister der gemeinschaftlichen Angelegenheiten im Sinne des §. 13 ernennen und ihm im Sinne des §. 20 einen finanziellen und einen militärischen Staatsrath beigeben könnte, ohne gegen den Wortlaut der Gesetze zu verstoßen. Daß die ungarischen Minister im Jahre 1848 durch die Schwäche der Regierung diesen Gesetzen eine andere Deutung gaben, beweist nichts. Die Ernennung der Commandanten der ersten Honvéd-Bataillone, welche letztere überdies als eine Art Nationalgarde in den Bereich der Landesvertheidigung gehörten, hatte Fürst Eszterházy und nicht der Minister der Landesvertheidigung contrasignirt. Sollte die Regierung die Kraft haben diese Gesetze gänzlich zu ignoriren, um wie viel mehr müßte sie, auf dem legalen Boden stehend, die Kraft haben die Gesetze nach ihrer Auffassung durchzuführen; im ersten Falle wäre sie ganz ohne eine Partei, im zweiten Falle würde sie durch die Majorität, wenn nicht des Landtags, so gewiß des Landes unterstützt werden.

Die 1848er Gesetze erkennen also überhaupt und namentlich für das Kriegswesen nicht nur gemeinschaftliche Interessen, sondern selbst eine Art centraler Leitung an; es ist demnach gar kein Grund vorhanden, den Rechtsboden zu verlassen, umsoweniger, als die Regierung die materielle Macht in Händen hat.

Nachdem aber, wie es heißt, auch in den Erbländern die getheilte Gewalt der absoluten substituirt werden soll, so sind gemeinschaftliche Interessen ohne gemeinschaftliche Vertretung nicht denkbar, und wirklich hat die Adresse des ungarischen 1861er Reichstages nicht nur gemeinschaftliche Interessen anerkannt, sondern eine gemeinschaftliche Behandlung derselben von Fall zu Fall zugestanden, während das Februar-Patent eine jährliche Behandlung derselben verlangt. Dies ist der wesentlichste Differenzpunkt des Patentes und der 1848er Gesetze. Um ihn auszugleichen, müßen wir auf den Satz zurückkehren, ob und in welchem Umfange die vollkommen einheitliche Leitung der Finanzen und des Kriegswesens nothwendig ist.

Wir wollen von der Voraussetzung ausgehen, der einzigen deren wir bedürfen, daß der engere Reichsrath und der ungarische Landtag sich über das Verhältnis der Lastentragung für gemeinschaftliche Lasten, wie z. B. die auswärtigen Angelegenheiten, ferner über das Verhältnis, welchen Antheil der Staatsschuld Ungarn, sei es an Capital, sei es an Interessen, zu übernehmen habe, verständigt hätte; wir wollen voraussetzen, daß mit Umgehung jeder Bestimmung des Umfanges der gemeinschaftlichen Lasten einfach das Verhältnis ermittelt wäre, wie viel Kreuzer Ungarn von einem Gulden der jetzigen gemeinschaftlichen Lasten zahlt, so würde, wofern sowohl diese Summe als auch die Anzahl der zu stellenden Recruten, wie überhaupt die jetzigen Staatsverhältnisse sich immer gleich bleiben, eine vollkommene Theilung der gesetzgebenden Körper und der Ministerien, unbeschadet der Reichseinheit, möglich sein; denn die Zahl der Recruten und die Höhe der Steuern, das Alpha und Omega jeder Staatsgewalt, kann ohne Einwilligung des Monarchen weder gesetzlich, noch weniger factisch mehr geändert werden.

Diese Unwandelbarkeit der Verhältnisse kann aber nicht angenommen werden. Die Regierung sowohl, als auch die Länder werden Äußerungen beantragen, die zwar beide gesetzgebende Körper übereinstimmend annehmen oder verwerfen können; doch kann auch der Fall eintreten, daß in Dingen, die einseitig nicht durchgeführt werden können, die daher offenbar eine gemeinschaftliche Angelegenheit bilden, eine Einstimmigkeit beider gesetzlichen Körper nicht erzielt werden kann; da würde das Princip des Februar-Patentes in Kraft treten.

Die ungarischen 1848er Gesetze, so wie die Adresse anerkennen die Existenz gemeinschaftlicher Interessen; die letztere erklärt sich überdies bereit, von Fall zu Fall sich mit den Erbländern ins Einvernehmen zu setzen; die Regierung kann daher, gestützt auf die Elasticität der §§. 6, 8, 13, 20, Artikel III der 1848er Gesetze, ohne Scheu den legalen Boden betreten, und den ungarischen Landtag, mit Ausnahme des dreieinigen Königreiches, in seiner gesetzlichen Integrität, einberufen. Da das Verhältnis Kroatiens durch den Wortlaut der ungarischen Adresse wie auch des kroatischen Landtagsbeschlusses vom 13. Juli eine noch offene Frage ist, so erleidet die Legalität durch diese Ausnahme keinen Abbruch; die Regierung hätte dann dem Landtage die Eröffnung zu machen, daß sie die 1848er Gesetze ins Leben zu rufen willens sei, daß sie jedoch, um dem Lande die volle Autonomie namentlich in finanzieller Hinsicht gewährleisten zu können, als erste königliche Proposition die Feststellung aller jener Angelegenheiten, die im Punkte a, b und c des §. 10 des Februar-Patentes als der Wirkungskreis des gesammten Reichsrathes bezeichnet wurden, schon zum Zwecke der Übernahme von Seite des ungarischen Ministeriums ein für allemal beantragen müsse, und daß sie als zweite königliche Proposition die Einwilligung des Landes, im Falle eine Änderung dieser im Sinne der ersten Proposition bereits festgestellten gemeinschaftlichen Angelegenheiten in Vorschlag gebracht würde und die beiden Reichstage darüber sich nicht einigen könnten, zur Beschickung eines gemeinschaftlichen Reichstages für diesen Fall in Vorschlag bringen müße.

Es ist diese zweite königliche Proposition allerdings eine von Ungarn verlangte Concession, die bisher allein geübte Macht wenn auch nur eventuell zu theilen; sie muß daher von einer legalen Regierung auf legalem Wege gemacht werden, wenn sie Aussicht auf Erfolg haben soll. Diese Concession ist aber nothwendig, wenn Gesammt-Österreich constitutionell regiert werden soll, und für die Autonomie Ungarns keineswegs verderblich, weil solche mögliche Differenzen nothwendig auf die Geldfrage hinauslaufen, und es in hohem Grade unwahrscheinlich ist, daß der ungarische Landtag im engern Reichsrathe nicht Alliirte fände. Und so wie Ungarn gezwungen werden muß die Farbe zu bekennen, ob es eine Verständigung mit Österreich will oder ob der legale Boden nur eine Maske sei, eben so müßen die österreichischen Staatsmänner sich vom Boden der Willkür auf den Boden der Legalität stellen und eine Theilung der Gewalt aufrichtig wollen, damit das Interesse des Landes nicht dem Interesse einiger Actien-Gesellschaften und der Bureaukratie geopfert werde, wie dies nachweisbar oft geschieht und die ergiebigste Quelle von so vielen Übeln in Österreich ist. Das österreichische Herrenhaus und das Rumpf-Parlament machen die Regierung noch lang zu keinem constitutionellen Staate, die Centralisation ist für das Glück Österreichs eben so wenig nothwendig, als die 1848er Gesetze gefährlich sind; man muß aber die Verständigung und keinen Sieg wollen, denn der ist verderblich; er erzeugt immer eine Reaction, während jene heilbringend und dem Fortschritte der socialen Bewegung angemessen ist. Eine solche Verständigung würde die finanzielle Noth Österreichs wesentlich beheben, der überhaupt weit leichter zu helfen ist als der politischen, welcher aber in so lang nicht geholfen werden kann, bis die Regierung den richtigen Weg nicht betritt; denn dies würde ihr nur die Mittel an die Hand geben, noch länger auf dem unrechten Wege zu verbleiben.

Kann eine Einigung, namentlich in der Staatsschuldenfrage, nicht erzielt werden, so macht die Regierung die zweite königliche Proposition zur ersten; weigert sich der ungarische Reichstag auch dann, an einer gemeinschaftlichen Berathung theilzunehmen, so hat die Regierung das Ihrige gethan, steht vor Europa gerechtfertigt da, und besitzt in allen Ländern der Monarchie eine Partei; weigert sich aber die Regierung, im Angesichte der Elasticität der 1818er Gesetze, im Angesichte ihrer materiellen Macht und im Angesichte des umfassenden Gebrauches den sie von ihr macht, den legalen Boden zu betreten, so mögen die Staatsmänner Österreichs die Verantwortnng für all das Unglück, was Österreich treffen sollte, übernehmen.

—

Anmerkungen.

1) Zu S. 10—12.

Gindely Geschichte d. böhm. Aufstands von 1618 I. S. 95, 97 f. Siehe auch über die Weigerung der böhmischen Stände den General-Convent zu beschicken — „das was der Kaiser in Linz verhandeln lassen wolle, könne er eben so gut am General-Landtage in Prag anbringen" — ebenda S. 94: „Sie waren nicht absolut gegen eine gemeinschaftliche Berathung mit den ständischen Ausschüssen anderer Länder eingenommen, und konnten es auch nicht sein, da ja zu dem künftigen Prager General-Landtag nicht blos die Länder der Krone Böhmen, sondern auch die Vertreter aller übrigen Provinzen berufen werden sollten. Ein Prager General-Convent war den Böhmen aber deshalb genehmer, weil der Kaiser vermöge des in Budweis (Januar 1614) ausgestellten Reverses genöthigt war auf demselben zuerst die vier Punkte erörtern zu lassen; in Linz war er dagegen an seinen Revers nicht gebunden und konnte seine eigenen Wünsche den Ständen zur Berücksichtigung empfehlen".

2) Zu Abschnitt 1712 bis 1722/3.

In den Niederlanden und in den Herzogthümern Mailand und Mantua erfolgte zwar die Proclamation noch später, am 6. December 1724 und am 14. März 1725; da aber diese Gebiete derzeit nicht mehr unserem Kaiserstaate zugehören, so glaubte ich von den betreffenden Patenten absehen zu sollen. Das Manifest an die Niederlande wurde lange Zeit für die eigentliche Pragmatische Sanction gehalten und als solche citirt. Das Verdienst, die in völlige Vergessenheit gerathene Natur und Genesis jenes wichtigen Staatsactes zuerst wieder in Erinnerung gebracht und in ihr wahres Licht gestellt zu haben, gebührt dem Akademiker Adam Wolf, der darum, wie nicht zu läugnen, mit seiner Erstlingsschrift: „Geschichte der Pragmatischen Sanction" (Wien Gerold 1850) einen glücklichen Wurf gethan. Leider scheint das nette Büchlein nicht satisam bekannt worden zu sein, da noch viele Jahre später einer der leitenden Staatsmänner, welche unsere noch andauernde Verfassungs-Krisis nacheinander emporgehoben und wieder fallen gelassen hat, sich's nicht nehmen lassen wollte, die Pragmatische

Sanction für „ein Hof-Decret aus der Zeit der Kaiserin Maria Theresia" zu erklären. Der Gegenstand ist dann noch öfter behandelt worden. Die weitaus gründlichste, auf ausgedehnte archivalische und Literatur-Studien basirte Bearbeitung dieses Staatsactes lieferte der im heurigen Jahrgange der Grünhut'schen Ztsch. f. Privat- und öffentl. Recht der Gegenwart S. 123—160 und 217—263 erschienene Aufsatz Prof. Herm. S. Bidermann's: „Entstehung und Bedeutung der Pragmatischen Sanction", rücksichtlich dessen nur zu bedauern ist daß derselbe, weil einem juridischen Fach-Journale einverleibt, den Historikern, in deren Gebiet er in gleichem Maße eingreift, großentheils entgangen sein dürfte. Wenn ich in manchen meiner Auslegungen und Schlußfolgerungen von dem gelehrten Verfasser vielleicht etwas abweiche, so lege ich doch gern das Bekenntnis ab, mir für die folgenden Auseinandersetzungen diese gediegene Monographie zum verläßlichen Führer erkoren zu haben. — Die in meinem Texte erwähnten Gesetzesstellen finden sich abgedruckt im Corpus Juris Hungarici (I S. 153: Art. XXX der Goldenen Bulle von 1222; II S. 65 f.: Aufhebung dieses Artikels durch G. A. IV v. J. 1687; II S. 116—119: Praefatio und Art. I II III der Gesetze von 1722/3), in den Novellares Articuli Transsylv. (S. 9—18: Art. III des Landtags von 1744) und in deutscher Uebersetzung der Manz'schen Ausgabe der „Staatsgrundgesetze der österr. Monarchie" (Wien 1861 S. 65, 92—98, 531—539) und Ägidi-Klauhold Ungar. Verfassungsstreit (Hamburg Meißner 1862 S. 3—6), an welch beiden Orten jedoch leider die wichtige „Praefatio" in die Uebersetzung nicht einbezogen wurde; dann in Kukuljević Jura Regni Croatiae II S. 101—107, von welch letzterer meines Wissens eine deutsche Uebersetzung bis zur Stunde nicht existirt. Die sehr charakteristischen ungarischen Punkte von 1712 habe ich meinem Anhang einverleibt, da sie, so viel mir bekannt, nirgends gedruckt zu finden sind.

3) Zu S. 18 Z. 11 v. u.

Die Auslegung, die Professor Bidermann S. 157 an die Gegenüberstellung der „unio" mit den „vicinis Regnis et Provinciis haereditariis", und der Untheilbarkeit „Ungariae Partiumque Regnorum et Provinciarum eidem annexarum" knüpft, scheint uns gegenüber der Wahrnehmung zu fallen, daß ja fast jedes der übrigen Erbländer in der bezüglichen ständischen Erklärung einen Passus über die Wahrung seiner Sonderrechte und Ansprüche enthielt.

4) Zu S. 19 Z. 7 v. u.

Bidermann a. a. O. S. 159, der das lateinische Original (Ratiocinatio etc.) selbst eingesehen und obige Stelle daraus ausgehoben und übersetzt hat.

5) Zu S. 22.

Bidermann a. a. O. S. 136, 225, 230 Anm.[18]). Ueber die Wirksamkeit des gemeinsamen Hofkriegsrathes und der Allgemeinen Hofkammer (Camera Imperialis Aulica), denen die in den einzelnen Ländern bestehenden Militär-

Commanden und landesfürstlichen Cameral-Behörden unterstanden s. **Luft kandl** Abhandlungen a. d. österr. Staatsrechte; Wien Braumüller 1866, S. 115—123; über die Militärlasten Ungarns insbesondere (Kriegssteuer, Vorspannsleistung, Holzlieferung, Casernenbau und die keiner Beschränkung unterliegende Dislocirung kaiserlicher Truppen im Lande s. **Bibermann** S. 231 f. Anm. ¹⁹). Als das Hauptwerk in dieser ganzen Richtung muß aber die höchst verdienstliche Abhandlung **Lustkandl's**: „Das ungarisch-österreichische Staatsrecht" (Wien Braumüller 1863) erklärt werden wo sich die eingehendsten Nachweise über die verschiedenen landesfürstlichen Regalien (S. 20—33), über die gemeinsame Finanz-Verwaltung (S. 33—117), über das Kriegswesen (S. 118—165) finden, Nachweise deren schlagende Beweiskraft alle Künste **Deák's** („Ein Beitrag zum ungarischen Staatsrecht"; Pest Emich 1865) zu schwächen und zu brechen nicht im Stande waren.

6) Zu S. 30 Z. 2 v. o.

Damit fällt, meines Bedünkens, die Argumentation **Bidermann's** S. 245—251, wo er die Frage, ob „die einzelnen Länder, die bei Einführung der Pragmatischen Sanction dieser zustimmten, aus diesem Anlaß im Besitze aller Vorrechte die sie bis dahin genossen, für alle Zukunft geschützt und dessen versichert worden seien", für Ungarn bejahend, für die andern Länder dagegen verneinend beantwortet.

7) Zu S. 31 Z. 2 v. o.

Auf diese Stelle (Corpus Jur. Hung. II. S. 204) pflegen sich die heutigen Advocaten der ungarischen „Selbständigkeit" und „Unabhängigkeit" hauptsächlich zu berufen, deren lateinischer Urtext klar und deutlich besage daß, unbeschadet der unabtrennbaren und untheilbaren Verbindung aller habsburg-lothringischen Erblande, „Hungaria nihilominus cum Partibus annexis sit Regnum liberum, et relate ad totam legalem Regiminis formam independens, id est nulli alteri Regno aut populo obnoxium, sed propriam habens Consistentiam et Constitutionem". Warum verschweigen aber jene Herren Advocaten, daß zu derselben Zeit, aus demselben Anlasse und in wesentlich gleicher Weise Siebenbürgen ebenfalls seine staatsrechtliche und administrative Eigenart allen andern Königreichen und Ländern, aber auch Ungarn gegenüber gewahrt und verwahrt hat? Im VI. der siebenbürgischen Diätal-Artikel vom J. 1791 (Novell. Art. S. 149 f.) heißt es nämlich, nachdem die Zugehörigkeit des Landes zur ungarischen Krone (Transsylvaniam tanquam ad Sacram Regni Hungariae Coronam pertinentem) zugegeben worden, daß man gleichwohl Siebenbürgen, „velut propriam habentem Constitutionem nullique alteri Regno subjectam", nach eigenen Gesetzen und Satzungen „non vero ad Normam aliarum Provinciarum haereditariarum" zu regieren habe (gubernabunt) und daß die Bestimmungen der Pragmatischen Sanction niemals den Sonderrechten Siebenbürgens Abbruch thun könnten — „neque unquam Juribus per se subsistentis et ab alio Regno independentis Principatus Transsylvaniae derogare aut praejudicare posse". Wenn also die Rabulisten des ungarischen Staatsrechts aus dem L. G. A. 1790/1 die vollständige Selbständigkeit und Unabhängigkeit ihres Landes von den nicht-ungarischen Königreichen und Ländern herleiten wollen, dann müßten sie ja mit logischer Consequenz auch die vollständige Selbständigkeit und Unabhängigkeit Siebenbürgens von Ungarn zugeben!

8) Zu S. 34 f.

Cziráky Conspectus Juris Publici etc. II §§. 413, 414 (p. 57 squ.): „Instructionibus . . . Ablegatos ab immemorabili tempore provisos fuisse, cuique notum est . . . Posterius quamdiu Institutiones vigebant veteres, in respectu legum fundamentalium et analogarum constitutionum substitisse . . . res ipsa trium saeculorum exemplo illustrata ostendit. Strictum praeterea Nuncios in reliquis mansisse officium, eorum a quibus mittuntur mentem explicare appositisque fulcire argumentis, plene consentio" etc. Allerdings, meint der Verfasser, nach dem Vorgang der letzten Landtage, habe die Frage, in wie weit die Instructionen verbindlich gewesen, ihre praktische Bedeutung verloren, und ist mit dieser Behauptung, so weit sich dieselbe auf die Folgen des nachmaligen Constitutionalismus bezieht, gewiß im Recht: ob aber, was die von uns hier erörterte Genesis dieses Constitutionalismus betrifft, ein durch jahrhundertlange verfassungsmäßige Uebung und Gepflogenheit geheiligter Grundsatz durch zweimaliges Hintansetzen innerhalb eines Zeitraums von kaum vier Jahren (1843/4—1847/8) als außer Kraft gesetzt betrachtet werden könne, das mögen gewiegte Staatsrechtslehrer zur Erörterung übernehmen.

9) Zu S. 36 Z. 9 v. o.

Fünfundzwanzig Jahre ꝛc. A. d. U. übersetzt von Joseph **Novelli** II S. 525. Was es mit der zwischen diese Bekenntnisse fortlaufender Illegalitäten hineingestreuten Versicherung solle, daß die Gesetzlichkeit „eigentlich" bei keinem dieser Schritte verletzt, daß die Gesetzmäßigkeit in den Beschlüssen „streng" gewahrt worden sei u. dgl., liegt jenseits der Gränzen meines Begriffsvermögens.

10) Zu S. 36 Z. 2 v. u.

Horváth-Novelli II S. 543 vgl. mit **Hartig** Genesis (dritte Auflage 1851) S. 189—192.

11) Zu S. 37 Z. 14 v. u.

Wortlaut des A. h. Handschreibens bei **Horváth-Novelli** S. 543 f., wo wir abermals der Versicherung begegnen, es sei alles „in friedlicher Weise" und „in den strengen Schranken gesetzlicher Formen" errungen worden.

12) Zu 41 Z. 4 v. u. und zu S. 45f.

In welch' illoyaler Weise diese Maxime einem Monarchen gegenüber ausgebeutet wurde, dessen krankhafter, aufdringlichem Zureden gegenüber fast wehrloser Zustand notorisch war, habe ich an anderer Stelle nachgewiesen: „Die Thronbesteigung des Kaisers Franz Joseph I." S. 344 f. Ich bin wegen des in der Anm. 325) daselbst erzählten Zwischenfalles von ungarischer Seite, wie mir hinterbracht wurde, in heftiger Weise angegriffen worden; ich kann aber meine dort angeführten Behauptungen, nach der Quelle aus der ich die Details geschöpft habe, auch heute nur aufrecht halten. — Ich füge eine andere Episode an, über welche das im Erscheinen begriffene Werk meines geehrten Freundes Baron Eugen v. Friedenfels über Joseph Bedeus von Scharberg nähere Auskunft bringen dürfte. Der die Union mit Ungarn betreffende siebenbürgische G. A. I 1848 wurde im Landtage, gegen alle gesetzliche Gepflogenheit, in Duplo ausgefertigt. Das eine Exemplar wurde im vorgeschriebenen Wege durch den bevollmächtigten Königl. Commissär FML. Puchner an die siebenbürgische Hofkanzlei eingesandt, während sich mit dem zweiten die Abgeordneten Wolfgang Weér und Johann Pálffy nach Pest begaben um es dem ungarischen Ministerium zu überreichen das doch, so lang die Union noch nicht ausgesprochen und vollzogen war, mit Siebenbürgen gar nichts zu thun hatte. Während nun die in siebenbürger Angelegenheiten noch allein zuständige Hofkanzlei in Wien über den Gegenstand berieth und bevor noch der bezügliche Vortrag an den Monarchen erstattet war, ging Graf Louis Batthyányi am 6. Juni nach Innsbruck, ließ die Klausenburger Deputirten, denen sich Graf Emerich Miko anschloß, dahin nachkommen und erwirkte im Verein mit Fürst Paul Eszterházy von dem aller berufenen sachkundigen Rathgeber entblößten Kaiser die Genehmigung des Unions-Artikels, 10. Juni. Die sächsische Deputation (Superintendent Georg P. Binder, Peter Lange, Joseph Wächter und Joseph Zimmermann mit dem siebenbürgischen Hof-Agenten Friedrich v. Sachsenheim), die einen Monstre-Protest von mehr als 15.000 Unterschriften gegen die Union und den bei dem diesfälligen Landtagsbeschlusse eingehaltenen Vorgang zu überreichen hatte und bereits seit mehreren Tagen in Innsbruck war, wurde unter allerhand Vorwänden bis zum 11. Juni hingehalten, wo ihr der übelberathene Kaiser sagen mußte daß die Union vollzogene Thatsache sei, daß jedoch den Rechten der sächsischen Nation dadurch nicht nahegetreten werden solle.

13) Zu S. 44 Z. 2 v. o.

Vgl. Hartig Genesis dritte Auflage 1851 S. 300—304, wo der gewiegte Staatsmann sich mit der Erörterung beschäftigt: ob der Kaiser die 1848er Gesetze zurücknehmen konnte? und diese Frage in der begründetsten Weise bejaht.

14) Zu S. 49 Z. 3 v. o.

Wiener „Presse" Nr. 125 vom 29. November 1848: „Die magyarischen Politiker". Vgl. des Verfassers „Geschichte Österreichs vom Ausgange des Wiener October-Aufstandes" IV. Bd. S. 185—188 Anm. 149).

v. Helfert, Ungar. Ausgleich.

15) Zu S. 49 f.

Horváth a. a. O. II S. 370 f. — Joseph Novelli, der deutsche Uebersetzer von Horváth's Geschichtswerk, liebt es, wie aus den in unserem Texte angeführten Stellen zu ersehen, da wo er von Ungarn redet, zur Verblüffung des unbefangenen Lesers, vom „Reich" zu sprechen. Den Ausdruck den Horváth gebraucht kenne ich nicht, da ich, zu meinem aufrichtigen Bedauern, des Ungarischen nicht mächtig bin. Der lateinische maßgebende Ausdruck aber ist „Regnum", und das heißt, mit des Herrn Uebersetzers gütiger Erlaubnis, in der Sprache der ungarischen Gesetz-Artikel, und so auch der Pragmatischen Sanction, nicht „Reich", sondern „Königreich"; es müßte denn gestattet sein auch von einem „Reich Kroatien", von einem „slavonischen Reich" zu sprechen.... Es verräth sich selbst in derlei Nebendingen eine sehr große Verblendung, oder eine noch größere Anmaßung!

16) Zu S. 60 f. und Anhang IV S. 173—182.

Siehe die dem Grafen Stephan Szechényi zugeschriebene Schrift: „Ein Blick auf den anonymen Rückblick" ꝛc. (London 1857), wo es S. 128 Anm. heißt: „Die Subscription war keine bei den Haaren herbeigezogene, sondern erfolgte in einigen Stunden, was auch Ursache ist weshalb nicht viele Tausende auf dem Bogen standen". Zu den Unterzeichnern der Denkschrift kann gewissermaßen der „große Ungar" selbst gezählt werden, da er sich mit dem Inhalt derselben vollkommen einverstanden erklärt und die Unterzeichner derselben in seinen Schutz nimmt.

17) Zu S. 82 Z. 10 v. u.

In diese Zeit seiner äußeren Umwandlung fällt Deák's Federkrieg mit Dr. Wenzel Lustkandl, der es in seiner Schrift „das ungarisch-österreichische Staatsrecht" unternommen hatte, die Grundlosigkeit der von den Ungarn in den Jahren 1860 und 1861 gestellten überschwänglichen Ansprüche und Forderungen nachzuweisen. Deák's Gegenschrift, zu deren Abfassung er sich übrigens zwei Jahre Zeit ließ, führt den Titel: „Ein Beitrag zum ungarischen Staatsrecht" (A. d. U., Pest Emich 1865), und es läßt sich wohl behaupten, daß mit dem Inhalte dieser publicistischen Abhandlung alles erschöpft sei was sich überhaupt vom ungarischen Standpunkte über die Rechtsgiltigkeit der s. g. Achtundvierziger Gesetze vorbringen ließe. Der berühmte Pester Landtagsmann bemüht sich darin hauptsächlich gegen den Wiener Doctor den Beweis herzustellen: daß die Achtundvierziger Gesetze formell giltig zustande gekommen seien, d. h. daß bei ihrem Zustandebringen keine der nach ungarischem Gesetz und Gewohnheitsrecht erforderlichen Förmlichkeiten außeracht gelassen worden sei. Allein gesetzt diese Behauptung wäre eben so wahr, als sie, wie ich nachgewiesen zu haben glaube, nicht wahr ist, was wäre damit bewiesen? Beiweitem nicht die Hauptsache! In so außerordentlichen Zeitläuften, wie es die Achtundvierziger Ereignisse waren und bei so tiefgreifenden Umstaltungen, wie sie durch die ungarischen März-Gesetze jenes Jahres beabsichtigt wurden, ist die legale Formgerechtigkeit bis zum letzten J-Tüpfchen gewiß nicht das einzige, vielleicht nicht einmal das erste worauf es ankommen kann. Oder was würde man seiner Zeit dazu gesagt haben wenn jemand den Engländern den rechtmäßigen Besitz von Gibraltar oder den Preußen jenen von Schlesien darum hätte streitig machen wollen, weil die Schiffssoldaten des Admirals Roole in das Innere der Festung gekommen seien ohne sich ordnungsgemäß bei der Thorwache gemeldet zu haben, oder weil Friedrich II. das österreichische Gebiet betreten habe ohne mit einem behördlich ausgestellten Paß versehen gewesen zu sein?! Herr von Deák legte bei seiner Beweisführung großes Gewicht darauf, es sei keine „Gewaltthat" geschehen welche die Berathung und Beschlußfassung gehindert hätte, wofür der Beweis darin liege daß weder damals noch später, weder von den Ständen noch von dem Präsidenten des Landtages, weder von dem Monarchen noch von den Organen der landesfürstlichen Macht ein Wort oder eine Klage über geübten Zwang laut geworden. Wer hätte wohl auch, fragte Herr von Deák mit einer ungläubig thuenden Miene seinen Gegner, „den mächtigen Kaiser von Österreich in seiner eigenen Hauptstadt, in seinem eigenen kaiserlichen Palaste, umgeben von 30.000 treuen Soldaten" zwingen oder unrechtmäßig beeinflußen können, etwas zu sanctioniren, was nicht nach seiner wahren Überzeugung, richtigen Einsicht und ruhigen Überlegung gewesen?! . . . Klingt das nicht wie Hohn? Oder braucht erst daran erinnert zu werden, daß „der mächtige Kaiser von Österreich" während des Verlaufes der traurigen Achtundvierziger Ereignisse zweimal aus „seiner eigenen Hauptstadt", aus „seinem eigenen kaiserlichen Palaste" fliehen mußte, und daß am 6. October seine Tausende von „treuen Soldaten" nicht in der Lage waren zu hindern daß sein treuer Kriegs-Minister an einen Laternpfahl geknüpft, daß sein Zeughaus erstürmt und geplündert wurde?! So weit war es in den März- und Apriltagen jenes Jahres allerdings noch nicht gekommen; doch ihre Schatten warfen die sich entwickelnden Ereignisse allerdings schon voraus . . . Was wollte auch Herr von Deák unter „Gewaltthat" verstehen? Etwa im buchstäblichen, körperlichen Sinne? „Was Gewalt heißt ist nichts: Verführung ist die wahre Gewalt!" Was das Mädchen Emilia sagt, hätte wohl auch der ungarische Patriot beherzigen sollen, und es war eine eines politischen Charakters von Deák's Bedeutung nicht ganz würdige Kampfesweise, wenn er, zu allem was in den Vorgängen vom März 1848 unlauteres lag die Augen verschließend, an Lustkandl die Frage richtete: „Wo ist hier eine Spur von Terrorismus"? Sollte Herr von Deák im Jahre 1865 wirklich noch nicht gewußt haben was Terrorismus sei und wo Spuren davon zu finden seien? Was war es dann, was Herrn von Deák zwang von seiner maßhaltenden Gesinnung im Jahre 1861 und seinem berühmten damaligen Ausspruch: „Entweder die österreichischen Gesetze oder die Anarchie!" allmälig zu den äußersten Anschauungen der „Adreß-Partei" überzugehen und jenen Standpunkt einzunehmen von welchem er seither, ängstlich besorgt die dadurch gewonnene Popularität nicht auf's Spiel zu setzen, nicht mehr ablassen konnte?! Es waren 1865 gar Manche im Lande die es gut mit Herrn von Deák meinten, und die sich nicht überzeugen konnten, es entsprächen die Ansichten die er mit großer Würde und Ansehen vor der Öffentlichkeit vertrat, seiner ungetrübten politischen Überzeugung.

18) Zu S. 85 Z. 9 v. o.

Was hat es doch damit daß jetzt plötzlich eine Wiederauffrischung jenes Attila-Arpadenthums die Runde durch alle Zeitungen macht? Wir lesen nämlich: „Die Letzten der Arpaden: ‚Figaro' bringt auf Begehren mehrerer Mitglieder der gräflichen Familie Crouy-Chanel folgende berichtigende Notizen über die Namen und Titel der noch lebenden Mitglieder dieses Hauses, das sich seiner Abstammung aus dem Arpad'schen Königshause in Ungarn rühmt. Da der Chef der Familie keine männliche Nachkommenschaft hinterlassen hat, ist der erste Zweig derselben gegenwärtig vertreten: 1. durch die Kinder des Grafen Henry und Julias, der Tochter des russischen Admirals Cičagov, nämlich: Friedrich (zwei Söhne, Stephan und Andreas); Karl, Oberstlieutenant und gewesener Flügel-Adjutant Sr. Maj. des Kaisers von Österreich, Henriette, Gräfin von Saint-Marsan; Gustav (einen Sohn und eine Tochter) und Wilhelm (eine Tochter); 2. durch den unverehelichten Grafen Franz, Bruder Heinrich's. Der zweite Zweig hat zu seinem Chef den Grafen Raoul de Crouy oder Croy, verheiratet mit Mademoiselle d'Argenson; überlebende Kinder: René, erster Gesandtschafts-Secretär in Rom (einen Sohn und eine Tochter), und Clara, Gräfin von Sarazin. Außer den Genannten hat niemand, weder in Frankreich noch im Auslande, ein Recht auf den Namen Crouy-Chanel".

19) Zu S. 124 Z. 4 v. o.

„Die ungarischen Einkünfte der Krone wurden durch die österreichische Staatsschuld eben so gut in's Mitleid gezogen wie die der anderen Länder, und die andern österreichischen Länder waren daher nicht schuldig es sich gefallen zu lassen daß jene Einkünfte aus dieser gemeinsamen Haftpflicht durch einseitiges Übereinkommen zwischen dem ungarischen Könige und Landtage herausgenommen wurden". Tomek Sněmy české (v Praze 1868 Skrejšovský) S. 9 Anm.

20) Zu S. 129 Z. 2 v. o.

Um mit meiner Behauptung vollkommen sicher zu gehen daß das eigentliche Ungarn — d. h. das magyarische von welchem, wie im Texte wiederholt bemerkt, allein alle Prätensionen ausgehen, während das deutsche, serbische, kroato-slavonische ꝛc. damit durchaus nicht einverstanden sind, ja mitunter energischen Protest dagegen erheben — zu dem Stabe unserer Kriegs-Marine ein minimes Contingent liefere, habe ich auf Grund authentischer Daten den Personalstand jener Escadre geprüft die bei der glorreichsten Seewaffenthat des jetzigen Jahrhunderts, bei der Schlacht von Lissa, gegen den Feind ausgelaufen war. Da finden sich nun als eigentliche Ungarn:

Linienschiffs-Lieutenant Michael von Mariássy
  „   Alexander Kálmán
  „   Eugen Gaál de Gyula
Linienschiffs-Fähnrich Camillo von Döry —

Rechnen wir dazu noch drei oder vier, von denen es, sei es nach ihrer Abstammung sei es nach ihrem Namen, zweifelhaft sein könnte ob sie nicht auch dem magyarischen Elemente beigezählt werden sollen, so macht das im Ganzen acht, oder sagen wir zehn zum Officier-Corps gehörige Persönlichkeiten. Nun betrug aber die Zahl der zum Stabe der Lissa'er Escadre Gehörigen (mit Anschluß von Geistlichen, Ärzten, Maschinenmeistern ꝛc.) **hundertsiebenundachtzig Officiere und sechsundachtzig Cadeten!** Das ginge also noch weit über den finanziellen s. g. Ausgleich mit Parität an Rechten und nur dreißig Percent an Leistungen hinaus; denn bei der Marine stünde der ungarischerseits beanspruchten Parität ein Verhältnis der Leistungen von strenggezählt 273 einerseits zu sehr lax zugegebenen 10 andererseits gegenüber!!! Ein „Ausgleich" in welchem Vortheil und Lasten in so exorbitantem Mißklang stehen, hieß bei dem römischen Juristen ein Löwen-Vertrag, Societas leonina, und galt ihm als null und nichtig. „Et nos consentimus", sagt der ehrwürdige Ulpianus fr. 29 §. 2 D. XVII 2 (pro socio), „talem societatem nullam esse".

21) Zu S. 139 Z. 12 v. o.

„Die Hintanhaltung innerer Unruhen im Gesammtbereiche der Monarchie erheischt aber nicht blos eine einheitliche Staats-Polizei (die factisch unangefochten besteht), sondern auch eine gemeinsame Vorsorge damit nicht durch Misgriffe einer der beiden Theilregierungen oder durch aufregendes Gebahren der Executiv-Organe Unruhen herbeigeführt werden"; Bidermann Pragmatische Sanction S. 229 vgl. mit S. 230, wo Verfasser daran erinnert, „gelegentlich einer Revision des Ausgleichs-Gesetzes die Ungarn beim Wort zu nehmen" und die von ihnen selbst in den Vordergrund geschobene Auslegung und Auffassung der diesfälligen Stellen der Pragmatischen Sanction als maßgebend anzunehmen.

22) Zu Anhang V S. 183—188.

Ob das Memorandum von Namen unterzeichnet war und von welchen, ist mir unbekannt, da ich das Original nicht zu Gesicht bekommen, sondern nur den Wortlaut aus gleichzeitigen öffentlichen Blättern kennen gelernt habe.

Historische Werke
aus dem Verlage
von W. Braumüller, k. k. Hof- und Universitätsbuchhändler in Wien.

Hirn, Dr. J., Gymnasial-Professor in Krems. **Rudolf von Habsburg.** Zur Erinnerung an die vor 600 Jahren stattgehabte Krönung des ersten Habsburgers. gr. 8. 1874. 2 fl. — 4 M.

Hock, Dr. C. Freiherr von. Der österreichische Staatsrath. Eine geschichtliche Studie. 1.—3. Lieferung: Der Staatsrath unter Maria Theresia und Josef II. gr. 8. 1868—1873. 2 fl. 80 kr. — 5 M. 60 Pf.
(4. Lieferung unter der Presse.)

Klinkowström, Clemens von, Archivar im k. k. geheimen Haus-, Hof- und Staats-Archiv. **Aus der alten Registratur der Staatskanzlei.** Briefe politischen Inhalts von und an Friedrich von Gentz, aus den Jahren 1799 bis 1827. Mit geschichtlichen Anmerkungen. gr. 8. 1870. 2 fl. — 4 M.

Lorenz, Dr. O., Professor an der k. k. Universität in Wien. **Josef II. und die belgische Revolution.** Nach den Papieren des General-Gouverneurs Grafen Murray. (1787.) gr. 8. 1862. 60 kr. — 1 M. 20 Pf.

— — **Deutsche Geschichte im XIII. und XIV. Jahrhundert.** 2 Bände in 3 Abtheilungen. gr. 8. 1864—1867. 10 fl. — 20 M.

Mayer, Dr. Franz, Professor an der steierm. k. Oberrealschule in Graz. **Geschichte Oesterreichs** mit besonderer Rücksicht auf Culturgeschichte. 2 Bände. gr. 8. 1874. 5 fl. — 10 M.
In Leinwand gebunden 7 fl. — 14 M.

Vivenot, Dr. Alfred Ritter von, k. k. Legationsrath. **Herzog Albrecht von Sachsen-Teschen als Reichs-Feldmarschall.** Ein Beitrag zur Geschichte des Reichsverfalles und des Baseler Friedens. Nach Original-Quellen bearbeitet. 3 Abtheilungen. Mit 2 Porträts und 1 Karte. gr. 8. 1864—1865. 18 fl. — 36 M.

— — **Thugut, Clerfayt und Wurmser.** Original-Documente aus dem k. k. Haus-, Hof- und Staats-Archive und dem k. k. Kriegs-Archive in Wien, vom Juli 1794 bis Februar 1797. Mit einer historischen Einleitung. gr. 8. 1869. 6 fl. 50 kr. — 13 M.

— — **Zur Geschichte des Rastadter Congresses.** Urkundliche Beiträge zur Geschichte der deutschen Politik Oesterreichs während der Kriege gegen die französische Revolution. October 1797 bis Juni 1799. gr. 8. 1871.
6 fl. — 12 M.

— — **Vertrauliche Briefe des Freiherrn von Thugut,** österr. Ministers des Aeußern. Beiträge zur Beurtheilung der politischen Verhältnisse Europas in den Jahren 1792—1801, nach den Original-Quellen der k. k. österr. Staats- und mehrerer Privat-Archive ausgewählt. 2 Bände. Mit dem Medaillon-Porträt Thugut's. gr. 8. 1872. 10 fl. — 20 M.